小さな会社の採用

お金をかけなくてもここまでできる!

社労士(複数企業の人事部長経験者)
ラー
中谷充宏

はじめに

「いい人材を採りたいけど、なかなかいない」

「求人広告にコストをかけても、大手に取られて、ウチには来てくれない」

「『リファラル』で採用したものの定着せず、紹介者が減ってしまった」

「せっかく入社までこぎつけたのに、定着しない」

人手不足の中、中小零細企業の経営層や人事担当の方から、毎日のようにこういう声を聞きます。

なかには、

「苦労して採用したけど、すぐ辞めちゃう。もう採用したくない」

「採ってみなきゃ、すぐ辞めたりしないか、戦力になるか、結局わからない。採用のプロセスを工夫したいのはやまやまだけど手が回らない」

と、諦め顔の方もいます。

たしかに、大手と違い、小さな会社では採用にかけられる予算も限られています。応募者側も、巷にあふれる「就活・転職テク」で以前よりも武装しています。知名度も大手ほどなく、人事も総務担当が兼任するケースが多い中で、良い人材を採用するには、工夫が必要です。今までのやり方をただ継続するのでは限界があります。

しかし心配はご無用です。本書で紹介する工程をふめば、10年後、20年後に貴社の柱となるような人材に来てもらえるようになります。

手法は日々進化しています。

たとえば求人サイト「engage」なら、大手に負けない採用ページが無料でできます（2章参照）。**お金がかからない、良い方法がたくさんある**のです。

面接で「当社への志望度は？」と聞けば、ほぼ全員が「第1志望」と答えるでしょう。これでは本当の志望度は見極められません。

「当社についてご存知のことを、全部話してみて下さい」と問うと、「冷やかし応募」「とりあえず応募」の応募者を見極められます。

アナログな手法も有効です。

リファラル採用は、社内だけでなく取引先も範囲とすることで、マッチする人材にリーチしやすくなります。紹介者を増やす工夫も、お金をかけずにできます。

大学、高校等、**学校に求人票を持参**するのもお勧めです。一見すると地味ですが、どんな学校にも「金の卵」がいます。学校側も、就職先が1つ増えるので、企業からのアプローチをほぼ100パーセント断りません。学校側は、紹介してくれる学生の人となりをよく把握していますから、確実性のより高い採用ができるのです。

良い人材を採用するのがオフェンス（攻め）だとすると、ディフェンス（守り）も、特に小さな会社にとっては極めて重要です。

経営層の方々は特に、これについてはよくご存知でしょう。

「権利意識ばかり強くて肝心の仕事はお粗末」などの**「ヤバい人」**が一人でも入社

すると、周囲への悪影響は計り知れません。たった一人のモンスター社員が原因で倒産に追い込まれた社を、筆者は知っています。これは決して例外や「運が悪かった」ではありません。（1章参照）。

こういう「モンスター化」する危険のある人を、採用プロセスの中でしっかり**ブロックする方法**も、詳述しました。

この本では、筆者が20年超にわたる社労士、複数企業の人事部長経験で蓄積した、お金をかけなくてもできる攻め・守りを、余さず紹介しました。

ぜひ貴社に合った手法を実践して頂ければ幸いです。

※本文に掲載した各書式フォームは、下のＱＲコードからダウンロードできます（目次にDLマークあり）。
作成にはＰＣとWordが必要です。
「Word文書」と「Word97-2003文書」とありますが、内容は同一です。
お手持ちのバージョンに合わせて、適宜内容改訂のうえご活用ください。

第3章 良い人材が集まるツボ② お金はかからない! アナログの新手法

第4章 面接で「即戦力」を見抜き自社の魅力を伝えるコツ

第5章 法的リスクもこれで安心、「体験会」「有期雇用」で絞り込むポイント

第6章 たった一人でも職場を破壊!「ヤバい人」をブロックする4つの盾《シールド》

第7章

この「内定者の選び方」「フォローのコツ」で定着率が大幅アップ！

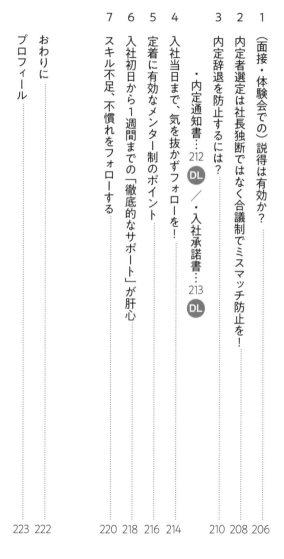

第1章

今までの応募書類、面接では「良い人材」は採れない！

1 書類――「あれ出せ、これ出せ」では、もうムリ

労働人口が減少の一途ということもあって、今や外国人に働きに来てもらわないと回らないくらい、売り手市場が続いています。

そういった状況ですから、「字は人を表す」からと、旧態依然とした直筆の履歴書提出が必須だったり、その上で職務経歴書、志望動機書、自己PR書、エントリーシートなども提出させると当然、応募者の負担が大変に重くなります。

買い手市場の時期や、今のような売り手市場であっても超人気企業なら、あえてこうした負担を課すことで選別しやすくなるメリットがありました。

しかし今では逆効果です。特に、**知名度も特長もない中小零細企業が「あれ出せ、これ出せ」をやってしまうと致命的で、応募がまったく来ない事態もありえます。**

また、「これは他社で提出したものの使い回しだな」とわかる応募書類を受け取った経験も、一度や二度はあるでしょう。**「あれ出せ、これ出せ」をやると、こうい**

う使い回しが増えるのが現実です。

事業規模が小さいからこそ、社員一人のインパクトは大きくなります。自社に合った人材を採用しなければ、この先、生き残っていけないことは明らかです。

書類の多さが原因？

そのためには、ある程度の数の応募を集め、その中から選考していくことが大事になります。そもそも、

・提出させた応募書類で、応募者の何を見たいのか？
・書類選考のポイントはどこにあるのか？

そうした整理がなされないまま、**行き当たりばったりで多くの提出を求めても、応募のハードルを上げてしまっているだけです。**

本当にその書類が必要なのか？

これこそが応募が少ない原因ではないか？　客観的に分析してみてください（2章11参照）。

2 面接――「武装済み」の応募者が9割

応募書類が複数集まり、応募者を面接に呼べるようになったとしましょう。

「実際に会えさえすれば、どんな人か、手に取るようにわかるよね」

と、考える人も多いでしょう。

しかし、面接の受け答えが素晴らしく好印象だったので採用したものの、まったく期待外れだったという苦い経験、ありますよね？

ネットには就活・転職の面接ノウハウが溢れています（筆者もこの関連の書籍を多数、出版している立場でもあります）。応募者がちょっと調べれば、ノウハウにアクセスできる環境が整っている時代です。

ネット上の「面接テク」には間違ったものも大変多いのですが、今やほとんどの応募者は、（正誤はともかく）何らかのノウハウで**武装して面接に来る**ようになっています。だからこそ、自社に合った人材かどうかを見極めるのは難しいのです。

「好き嫌い」で良い人が採れるか

筆者は2つの中小企業（小売業、不動産業）の人事部長を任され、新卒・中途の採用を経験し、所長を務める社労士事務所の採用もしていますが、一度や二度の面接で「自社に合っているか」なんて簡単には見抜けないというのが実感です。

受かりたいがために平気で嘘をつく、自分を大きく見せるために「盛る」、不利なことは絶対にカミングアウトしない等は日常茶飯事です。

もちろん、面接がすべてムダとは言いません。実際に会えば見えてくるものはたくさんあります。しかし、書類選考と同じく、「今までやってきたから」や行き当たりばったりではなく、

「好き嫌い」といった、単なる個人的な印象に左右されていないか？

面接で何をチェックするのか？

を、しっかり検証し、目的を事前に決めておくことが必要になります（くわしくは4章で解説します）。

3 普通の「書類・面接」では防げない「モンスター」

中小零細企業は、「書類選考→面接」といった既存の選考方法で採否を決定しているところが多いです。

とはいえ、既述の通り、自社に合った人材なのかは、この選考プロセスでは簡単には見抜けない点に共感される方も多いでしょう。

自社にジャストフィットする人材を100点とすると、50点、40点といった落第点の人材を採用してしまうこともある。

それならまだマシで、マイナス100点といった、いわゆる「モンスター社員」を採用してしまうことすらあります。

この「モンスター社員」とは、端的に言うと、仕事に対する姿勢や行動に問題があり、職場や仕事仲間に対して悪影響を及ぼす社員のことです。

「ミスマッチ」では済まない！

たとえば、正論を振りかざして上司の業務指示に従わない、同僚に暴言を吐く、労働者としての権利を強く主張するといった問題行動を、一度ではなく何度も引き起こします。

こうなると、他の社員のモチベーションが低下し、業務全体の生産性も下がり、経営全般に影響が出る危険性があります。

社員数が少ない中小零細企業だと、被害は甚大です。社員数10人の規模なら、社員全員がモンスター社員による何らかの毒を喰らってメンタル不調に陥ったり退職に追い込まれたりします。実際に筆者はそういった職場を複数目の当たりにしてきました。

こうした問題行動があっても、**日本では簡単に辞めさせることはできません。**

だからこそ、入社させない、入社させても継続勤務させないことが肝要です（くわしくは6章で解説します）。

4 《実例》「モンスター」は、たった一人でも被害甚大

20年間の社労士の実務経験がある筆者が、実際に目の当たりにした「モンスター社員」の実例を3つ紹介します（企業情報や個人情報が特定されないよう脚色済）。

①従業員数50人の原料加工会社

社長から服装を注意されたことがきっかけで、ある社員が何かにつけて会社に食ってかかるようになり、モンスター化が進行。

極めつけは、街宣活動です。

彼はユニオンに加入しましたが、団体交渉がうまくいかなかったこともあって、ユニオンの街宣車で本社前に繰り出し、拡声器を使って怒鳴り散らし、彼に名指しされた社員達はみな、精神的に参ってしまいました。

倒産や逮捕も

②従業員数20人の小売会社

係長が部下を大声で叱責し、ＰＴＳＤ（心的外傷後ストレス障害）を発症させる事態に。部下は休職後、退職に追い込まれました。当の係長は「使えないヤツを辞めさせてやった」と武勇伝のように語り続けています。

③従業員数30人の清掃会社

当初は若手ばかりで社内も和気あいあいでしたが、ある社員への残業代の未払いがきっかけで、トラブルに。彼が周りに圧力をかけて自分の仲間に引き込むことで、社員達と会社の関係悪化がどんどん進行しました。たとえば、定時になったからと現場での清掃作業を途中で投げ出す「現場放棄」を何度も繰り返し、他の恐ろしい事件（逮捕劇）もあり、最終的には倒産してしまいました。

――**たった一人でも、壊滅的な事態を招きうるのが「モンスターの入社」**です。

5 兼任では「就活・転職テクに長けた人」を見抜けない

たとえば、採用面接しかしていない担当者なら、毎日、多数の応募者を見るわけですから、目も肥えて「人選スキル」は間違いのないものでしょう。

しかし、大手企業の人事部門に在籍中でも、それ専任という社員は稀です。専任となると、採用アウトソーシング事業を展開する会社の担当社員くらいでしょう。

中小零細企業なら、他の仕事を持ちながら採用もやる、という兼任がごく普通。零細企業なら社長が採用関係業務をすべて担っているのも「あるある」です。

本業の傍らで適正な人材を見抜くのは、かなり難しいのが実情です。

応募書類で見抜けるか？

既述ですが、応募書類では、自社に合った人材か、ヤバい人材かを見極めるのは

まず無理です。たとえば、それを見極めるためにエントリーシートに、

「あなたが過去に起こしたトラブルについて、どのように解決したか、具体的な事件を元にしてお書きください」

というテーマを課したとしましょう。この後、何が起こるでしょうか？

まず、こうした**オリジナルの課題が出ると、応募がおよそ半分以下に**なります。名もなき中小零細企業なら、この課題により「応募ゼロ」も充分に起こり得ます。

次に、テーマに沿った回答が来たとして、はたしてその内容が本当なのか？　**盛っていないのか？　の判別がつきません。**

ましてや、履歴書や職務経歴書、エントリーシートなどの一般的な項目では、その人を見極める材料が乏しすぎて、兼任だとより一層困難になります（対策は2章11、12で解説します）。

面接で見抜けるか？

面接も同じです。

面接はリアルなコミュニケーションなので、上っ面を取り繕《つくろ》える応募書類よりも、その人を見極める材料はより多く得られます。

ただ、たとえば、

「前職で東証プライム上場の大手企業にいたからウチでも仕事ができるに違いない」

「受け答えが上手なので、わが社の営業で活躍してくれるだろう」

といった**「評価誤差」**の上で採用してしまうと危険です。

振り返ってみてください。

貴社で過去に問題を起こした社員は、面接で「いかにも問題ありそうな受け答え」をしていたのでしょうか？　そういったケースもあるかもしれませんが、大半は問題社員には見えず、「ウチで活躍してくれそうだ」と判断されたからこそ入社したのでしょう。

厳しいようですが、兼任だからこそ、こうした間違った採用をやってしまいがちなのです。しかしご心配は要りません。見極め方や武装の具体的な方法は、4章以降でくわしく述べます。

第2章

良い人材が集まるツボ①

お金はかからない！ネットの新手法

1 お金をかけても集まらない理由

「求人を出しても、全然応募が来ない！」という嘆きを、筆者はよく耳にします。過去にハローワークに出した求人内容を、特に精査せずそのまま復活させる等、何の創意工夫もないようでは、今の売り手市場ではなかなか通用しないでしょう。

一方、とある従業員数10人に満たない電気工事業を営む会社の経営者からは、「年間3桁《けた》の広告費を投入しても集まらない、一人も採用できていない」。広告代理店のアドバイスを受けた上で、ターゲット層が観る動画上に求人広告を出すなど様々な創意工夫をされていて、決してサボっているわけではないようです。

身の丈以上に求人費用をかけても集まらないのが現状です。

やり方を変えれば集まる

つい最近も、従業員数20人の顧問先から、

「以前は求人を出せば、1カ月で15人くらいは応募が来たのに、今はたった2人なんです、何が原因なんでしょう？」

と、質問されました。

雇用市場は大きく変化していて、そもそも労働力人口が減少の一途で、黒字なのに人材不足が原因で閉鎖する事業所や会社も急増しています。

毎年2桁の人材採用に取り組んでいる企業なら別ですが、欠員が出たから久しぶりに採用活動をするといった中小零細企業なら、

いま雇用市場で何が起きているか、

応募を増やすにはどうしたら良いのか、

なかなかわからないでしょう。

結論として、以前は効果があったやり方のままではだめで、**今に合ったやり方にチューンナップする必要がある**ということです。

ここから、これを解説していきます。

2 大前提――ここがダメなら何をやってもダメ

「求人広告の書き方、見せ方を工夫したら、こんなに応募が来た！」という宣伝を見たことがあります。確かに、一部ではそういった効果があるかもしれませんが、その効果を生むには、大前提があります。それは、

「同地域の同業他社、同職種と給与水準を同レベル以上にする」


「入ったばかりの社員に、ウチはそんな額を提示できないよ」

「会社の懐事情が厳しくて、そこまで人件費を増やせない」

という本音はよくわかりますが、もしそうなら、採用活動自体が無駄になります。考えてみてください、他社では高い給与を保証してくれるのに、わざわざ低い給与を提示する企業で働きたいと思いますか？

「他より安い」では話にならない

リモートワークが浸透した昨今でも、最低賃金が都道府県別に定められているように、地域による給与は基準になります。

したがって、**同じ地域における同業他社の求人を参考にしてください。**

ちなみに、筆者の経営する会社は埼玉県さいたま市大宮区にありますが、大宮駅は都心へのアクセスが良いため、**都内と同水準でないと集まらない**のが実情です。

こういった視点で、実情を踏まえて同地域の範囲を判断してください。

また、限定職種なら、同じ地域の他業種の求人も参考にしましょう。

たとえば経理の募集。建設業、小売業、サービス業等、業種は違えど基本的に同じ経理業務を担当してもらうのですから、同じ地域の経理としての給与水準を保つということです。

中小零細企業だからといって、他より安い給与では誰も応募してこないことを肝に銘じてください。

3 「集まる求人」になるポイント

結論はシンプルです。

応募者が知りたい情報を、正確かつ詳細に載せる。これしかありません。

中小零細企業で「あるある」なのが、たとえば就業時間について。

「9時00分〜18時00分（1日8時間）、休憩：12時〜13時」と、法定通りの内容を載せたとしましょう。実態がこの記載通りなら問題ありませんが、そういったケースの方が少ないでしょう。

「入社したら残業がどれだけあるのか？　休日出勤はあるのか？」といった、応募者が知りたいところまで詳細に載せることが大事です。

「額面通りに載せたが実態は違う（入社してみたら実態が違った）」は絶対NGです。

応募者が知りたいのは、大きく分けて、①職種、②業務内容、③応募資格、④就業時間・休日、⑤給与、⑥転勤の有無、⑦福利厚生・教育制度の7つです。

①職種

たとえば、自社では「ライフバリューコンサルタント」と呼んでいても、本質は生命保険の営業なら、独自の職種名はネット検索に引っかからない可能性もあります。

②業務内容

あえて難しい横文字を使うのではなく、わかりやすい表記をお勧めします。

具体的に何をやるのか。スペースが許す限りできるだけ詳細に載せましょう。

③応募資格

未経験でもOKなのか、最低限これ（応募資格）ができることが条件なのかは、載せましょう。

なお、必須条件や求める人物像のハードルを上げすぎると応募自体がなくなりますので注意してください。

④就業時間・休日

「『年に2回程度、休日出勤あり』と聞いていたのに、実は月に2回だった。だからすぐ辞めた」という人もいました。

ズレのないように、月平均残業がどれくらいなのか、繁忙期はどれくらいなのか、休日出勤はどれくらいの頻度であるのか、など詳細に載せてください。

⑤給与

「(1) 月給210,000〜310,000円 (2) の手当を含めた額)、

(2) 時間外手当 (時間外労働の有無に関わらず、20時間分の時間外手当として支給)、

(3) 20時間を超える時間外労働分についての割増賃金は追加で支給」

といったように、月給は幅を持たせておきつつ、残業代の支給方法や手当があれば、その支給方法にもきちんと触れておきます。

⑥転勤の有無

明示する法改正もありましたし、ここで応募の判断をする人も多いので、明確にしておきましょう。

⑦福利厚生・教育制度

福利厚生が充実している方がやはり魅力的ですし、キャリアアップに貪欲な人も多くなってきています。自社での取り組みがあれば、ぜひ載せておきましょう。

紙面の関係上、すべてを詳細に解説できませんが、こうした重要な項目について同業他社の求人ではどのように表記しているかを参考にして、自社なりのものに仕上げていくのも有効な一手です。

4 リクナビ、マイナビにかけるコストがなくても心配無用

貴社で使ったことがなくても、リクナビ、マイナビといった大手の求人情報サイトの名前はご存知でしょう。

両者とも、新卒対象も中途対象も求人情報が満載で、応募者側からすると、まずはここの登録からスタートするというパターンが多いです。

一方、求人企業からすると、**1クール約30万円**もの費用がかかるので、零細企業なら躊躇するところも多いでしょう。

詳細は2章、3章で述べますが、デジタル、アナログ共に、無料（もしくは軽い費用負担）で、つまり**お金をかけずに求人を出すやり方が複数あります。**

資金の乏しい中小零細企業だからこそ、こうしたやり方をフル活用いただきたいと思います。

代表的なやり方は、以下です。

①ハローワーク　言わずと知れた、無料で使える職業紹介施設です。今は窓口だけでなく**インターネットハローワーク**の活用も便利です。

②無料求人サイト　**engage**や**求人ボックス**といった民間事業者が提供するもので、ある程度までは無料で使うことができます。

③Indeed　いわばグーグルの求人版で、ネットに公開されている求人情報を収集してくれる検索エンジン。ここに無料で求人を出すこともできます。

④SNS　**Facebook**や**X**、**LinkedIn**などを使って、求職者を集める方法。

⑤リファラル採用（紹介採用）　自社の社員から友人や知人を紹介してもらう制度。

⑥アルムナイ採用　一度退職した社員を再雇用する制度。

⑦学校訪問　求人票を持参して、高校や専門学校、大学を訪問するやり方。

⑧ブース出展　就活、転職イベントに自社のブースを出展するやり方。

5 Indeedフル活用のポイント

ＴＶ等でＣＭを大量に流していましたので、Indeed はご存知でしょう。

求職者側にとって、「仕事を探すなら、まず Indeed から」というケースが多くを占めるようになりました。

というのも、ネットで公開している求人はすべてここにあり、「職種、キーワード、会社名」×「都道府県、市区町村」の２つを入力するだけで、それらに合った情報を検索してくれる仕組みで、いちいちリクナビやマイナビ等の求人サイトを個別に見に行かなくても良いからです。これが Indeed の強みです。

一方、求人側にとっては企業規模に関係なく、ここに求人広告掲載ができます。Indeed のサイトから「求人広告掲載」のバナーをクリックし、そこから「アカウントを開設し、画面案内に従って会社情報や求人概要を入力するだけで、簡単に求人情報を掲載できます」（Indeedより引用）。

「スポンサー求人」もある

中小零細企業にとって、ここに無料で自社の求人を掲載できる点は、メリットが大きいと言えます。また、求人情報の入力自体、そう難しくありません。何度でもやり直しが効きますから、「習うよりは慣れろ」で、まずはやってみることをお勧めします。

なお、これには、「スポンサー求人」（有料オプション）がありますが、検索エンジンの特性上、上位に表示されるには、やはりお金が必要ということになります。無料でも新鮮なうちは良いのですが、時間の経過と共に、たくさんの求人の中に埋もれてしまってアクセス自体がなくなる危険性があります。

こうした場合は、有料に切り替えることも前向きに検討してください。

6 自社の求人を検索してもらう「キーワード登録」のコツ

求人を出しても誰も見てくれないなら、応募はゼロです。

応募者は、まずは求人サイトでキーワード検索して、その結果を元に各々の求人の詳細を見ていくでしょう。

たとえば、(既述の)「ライフバリューコンサルタント」という職種で検索するでしょうか？　ここは「営業」という大きなくくりから、取り扱う商品、個人対象か法人対象か、新規かリピートかといった詳細にブレイクダウンしていくのが一般的と思います。そういった観点から、**オリジナルのキーワードではなく、ごくごく一般的で汎用的に使われているキーワードを**用いる方が有効と考えます。

また Indeed も Google と同様、**サジェスト機能**、つまり検索窓にキーワードを入力すると検索候補となるキーワードを表示してくれる機能がありますので、その機能を使って検索されやすいキーワードを見つけるのも、一手でしょう。

トライ&エラーで質を上げる

たとえば、Indeed の検索窓に何も入力しないと「正社員」というキーワードが最上位に、次にパート、その次にアルバイトがサジェストされます（本書執筆時点）。

これを見ると雇用形態を意識しているのがわかりますので、たとえば「正社員＋職種」とか「正社員＋年収４００万円」といったキーワードで検索されるよう、求人情報にこうしたキーワードを盛り込んでいくと効果的です。

engage のように、審査に時間がかかる求人サイトもありますが、**すぐに変更できる**のがネット求人の利点です。また、たとえば正社員の事務、契約社員の事務、パートの事務と、**複数の求人を並行して出せる**のも利点です。

応募がたくさん集まる求人を、即座に出せるわけではありません。

反応を見ながら、トライ&エラーを繰り返すことで、求人のクオリティを上げていってください。

7 engageで、大手に負けない採用ページが無料でできる！

筆者は、小規模ですが、社労士事務所を経営しています。弊所でも様々な無料求人サイト（Indeed、インターネットハローワーク、求人ボックス等）を試してきましたが、最終的に最も応募者数が多かったのが、このengageです。

（求人の）掲載方法は、必要事項を入力するだけで、他と大差はありません。ネット求人なのでIndeedの検索対象になります。審査期間（無料だと長い）を考慮して、**早め早めに公開**していくことが大事です。

何と言っても、**engageのすごさは無料版でも『エン転職』に登録している求職者に対して、「週に10通」無料でDMを送れる**機能が付いている点。

また単なる求人情報の掲載に留まらず、採用ページの豊富さは圧倒的です。

「メインパネル／メッセージ／会社のこと／事業内容／働く環境／メンバー／福利厚生／動画／登録について／自由項目」

と、予算のない中小零細企業でも、合間を見てコツコツと更新すれば、**大手に負けない採用ページが仕上がる点も◎です。**

「カジュアル応募」が増えるとしても

応募者側から見ても、リクナビやマイナビ等と違い入力項目が圧倒的に少ないため、登録しやすいのです。履歴書・職務経歴書的な情報の入力がそもそも不要です。

その反面、「なんとなくエントリーしてみた」といった**カジュアルな応募が多い**点がマイナス面です。履歴書・職務経歴書は別途、送ってもらわないといけないのですが、実際に送ってくるのは、エントリー者の半分以下です。

そういったマイナス面を加味しても、中小零細企業にとっては非常に有効なサイトなので、ぜひ活用してください。

8 SNSやLinkedInの賢い活用法

ＳＮＳ上に、会社の公式なアカウント、もしくは社長個人のアカウントをお持ちなら、そこに求人情報を流す、というやり方もあります。同業他社とのつながりが強いアカウントなら、反響がある可能性があります。

たとえば、筆者のＸのアカウント（フォロワー数約２，７００人）は、同業の社労士のフォロワーも多く、以前ここで「職員募集」をポスト（投稿）したところ、採用には至りませんでしたが、社労士の方から問い合わせを頂いたことがありました。

その他、ビジネス特化型のＳＮＳであるLinkedInというのもあります。

ここでＸのように、求人情報を投稿することもできるし、有料で求人掲載もできます。

ここはどちらかというと、エグゼクティブ、ハイスペック、グローバルな人材が集まっているという特徴があります。

そのため、中小零細企業の求人の属性が合わないかもしれませんが、たとえば**幹部社員を採用したい、後継者を探したい、といった場合はフィットする可能性があります。**

即効性は乏しい

なお、筆者はLinkedInでは約１２，０００人のフォロワーがいますが、Xと同様に職員募集を投稿した際、まったく反響がありませんでした。つながっている人達と月給20万円程度の事務職員とのギャップが大きいのが要因でしょう。

なお、求人のためにアカウントをつくる、というのではまったく間に合いません。

既存のアカウントがあったとしても、中小零細企業という立場上、フォロワーの数もつながっているアカウントも、そう多くないでしょうから、「良い人が来たらラッキー」くらいの軽い感覚で取り組んでください。

9 人材紹介会社を使うメリット、デメリット

中小零細企業なら、人材紹介会社を使った経験はあまりないと思いますので、簡単に使い方を解説します。

貴社が人材紹介会社に**「採用したい人物像」を伝え、合う人材を探してもらって紹介してもらい、採用が決まったら年収の30%前後の紹介手数料を支払う**という仕組みです（採用に至らなければ、紹介されても無料）。

たとえば年収400万円の社員でも、120万円の紹介手数料を支払うことになりますので、中小零細企業にとってはなかなか高額と言えます。

とは言え、自社で求人原稿を考えたり、それを媒体に出したり、応募者とのやり取りをしたりといった、求人にかかる面倒な稼働を抑えることができますから、予算があって手間暇がかけられないなら、有効に機能します。

数字を上げるために、押し込んでくることも

公募と違って、間に人材紹介会社が入りますので、人材の質は保証されます。

また、お互いに伝えにくいことも伝えることができたりと、入社後のミスマッチも予防しやすくなります。

一方で、人材紹介会社のキャリアアドバイザーの本質は営業です。当然、ノルマもあります。したがって、**数字を上げるために、貴社に合っていない人材でも押し込んでくることがあります。**

・他と比べて高コスト
・担当者は営業

この2点をしっかりと認識した上で、活用を検討してください。

10 自社採用サイトのメリット、デメリット

自社のホームページをお持ちのところも多いでしょう。

そこに採用のページを新規追加する、もしくは採用特化のサイトを制作・運用するか否か？　これは要検討です。

というのも、制作さえすれば応募者が増えるかというと、あまり期待できないのが実情だし、何と言ってもコストも手間暇もかかるデメリットがあります。

さらに、たとえば最低賃金が上がったのに、それを下回る時給設定の記載で放置していたら、違法な内容を世界に知らしめることになります。

もちろん、自社サイトだからこそ自由に表現できることもあり、持っている方が良いでしょう。しかしこうした事態に陥るリスクがあるなら、そもそも持つ必要性はないでしょう。


一つの目安ですが、毎年10名以上を採用するなら有効でしょう。しかし「2年ぶりに欠

員を補充する」といった頻度なら、無理しない方が良いと思います。

engageなら簡単にプロレベルに

実は、（既述した）**engageに求人情報を入力すれば、簡単に自社採用サイトができるのです。**

https://en-gage.net/アカウント名_saiyo/

というドメインで公開されます。

わざわざ自社でゼロから作らなくても、決まったフォーマットに入力し写真・動画をアップロードするだけで、プロレベルのコンテンツに仕上がります。

これを自社のホームページに貼り付ければ、求人サイトと自社のホームページの2つをそれぞれ別個にメンテナンスする必要がなくなります。

筆者が強く推奨するやり方です、ぜひ貴社でも取り組んでください。

11 応募書類①

応募者の負担を減らすべき？

新卒（第二新卒）なら大学指定の履歴書、もしくはエントリーシート（OpenESレベル：氏名、現住所、学歴、保有資格、趣味・特技、学業の内容、自己PR、「ガクチカ」項目のみ）を、中途なら履歴書&職務経歴書の提出を課すというやり方は、特段問題はありません。「これでは応募者の負担が大きすぎて（応募が）集まらない」という説の方もいるかもしれませんが、**無視してかまいません。**

そもそも就職・転職を希望するなら、この程度の作成は必須ですし、貴社だけではなく他も応募するでしょうから、きちんと用意するはずです。ただ、

- ・新卒（第二新卒）に対しては、エントリーシートを課すなら履歴書の提出は求めない（またはその逆）
- ・中途でも職歴が乏しいなら履歴書だけにする

といったように、状況に応じて応募者の負担を減らすのは「あり」です。

減らせば良いわけではない

しかし、一定以上省いてしまうと、仮に応募数は増えたとしても、応募書類すらまともに用意できない人材ばかりになり、そもそも貴社での採用に値するレベルではなくなる危険性も出てきます。

たとえば、「ウチはガテン系だから、履歴書も不要。漢字なんて書けなくてもＯＫ。いきなり面接をやるから、その時にこのシートを書いて出してもらうだけで良いんだ」というケースだってあるでしょう。つまり、

・自社内で最低限必要な応募書類を決めておく
・その提出をお願いする

これを社内のルールとするのが、おすすめです。

12

応募書類②

「冷やかし」を減らすには

応募書類を用意する負担が減れば、応募が増える可能性はあります。しかし、中には本気度が乏しい「とりあえず応募」や「冷やかし応募」が混じってきます。

「ウチは零細企業だから、まずは応募の母数がほしいんだ。本気度なんて気にしていられるか」というのでしたら、応募書類をなくすくらいの勢いでやれば良いと思います。ただし、「事前に応募書類すら送らなくて良い会社って、そもそも大丈夫かな?」と不審に感じる応募者がいることは忘れないでください。

一方で、応募が増えたとしても、入社意欲の乏しい応募者を複数扱っていると、「採用あるある」で、担当者としてはだんだん面倒になってきます。こうしたケースを回避するには、逆を行くしかありません。

つまり、

・応募書類を増やす（志望動機書を別途作成してもらうなど）

もしくは、

・エントリーシートで「今まであなたが遭遇した困難は何か、それをどうやって克服したか？」といった設問を増やすということです。

某有名大学の大学職員の中途採用は、競争率が3桁と超難関です。人気が高いため集まりすぎるので、毎年かなりのボリュームの課題を出すことにより、応募を半分から1／3程度に抑制することに成功しているそうです。

ただ、中小零細企業の場合、いたずらに書類や項目を増やすと応募がゼロになってしまいます。

したがって、たとえば繁忙期と閑散期の差が大きく長時間残業もある働き方なら、

・ワークライフバランスに関する考えを聞く
・変化を好むか、安定を好むか、2択でその理由を聞く

といったように、貴社で働く上で必要不可欠な要素をあぶり出す設問に絞って出題しましょう。

13 応募書類③ 必ずチェックすべきポイント① 内容以前

中小零細企業にヤバい社員が入ってきたら、それこそ一大事です。まずは入り口でしっかりガードしなければなりません。ガードする方法は様々ですが、最初は提出をお願いした応募書類のチェックになります。

まず中身に入る前のポイントです。

□期限内に送ってこない、依頼後ずいぶん経ってから送ってくる

郵送を指定した場合は別として、メールやサイト経由で送ってもらう場合、依頼した当日か翌日には送れるはずです。

3日以上もかかるとなると、期限管理が甘く、入社後に任せる仕事に影響が出る危険性があります。

貴社の仕事に就きたいなら間を空けないはず。入社意欲の欠如も見て取れます。

これ以外にも、入社させて大丈夫か不安になる代表的なものが、次です。

□指定した方法とは異なる方法で送ろうとする

「履歴書・職務経歴書をメール添付の形式で送ってください」と依頼しても、郵送してくる等。

□依頼した応募書類を送ってこない

履歴書・職務経歴書の提出を依頼しても、履歴書しか送ってこない等。

□入力項目に空白がある

履歴書やエントリーシートにある入力項目に、何も書かずに送ってくる。

その他、指定したフォーマットを使わず独自のレジュメを送ってくる等、**レギュレーション違反**があった人材を入社させた経験もあるでしょう。

その後、その人はどうなったか？

筆者の実体験として、芳しくなかった方が多いように思います。

そうした苦い経験を踏まえて、選考を進めるか、不採用とするかを判断することになります。

14 応募書類④ 必ずチェックすべきポイント② 各書類

次に応募書類ごとに、チェックする主要ポイントを見ていきましょう。

①履歴書

新卒、中途を問わず、履歴書は入力項目があらかじめ決まっており、記入するだけです。書き方のサンプルもネット上に溢れていますから、作成のハードルはそう高くないはずです。

にもかかわらず、たとえば顔写真貼り付け欄のあるフォーマットなのに顔写真がない、郵便番号の記載がない、作成日付が空白だったりすると、当たり前のことを当たり前にできない可能性があります。

なお、中途の場合は、転職回数が多い、ブランクがある等も見て取れますが、それをもって直ちに不採用とするかは、自社の採用基準に基づくことになります。

②職務経歴書

中小零細企業への応募なら、完璧に仕上げてくる人は乏しいでしょう。なのでクオリティはさて置き、ここでのポイントはたった一つ、貴社が求める**実務経験の有無**です。

たとえば経理経験者の募集なのに、総務の経験がメインで経理はごく一部の補助的な経験しかない場合は、求めているものと違うということになります。

③エントリーシート

たとえば自己ＰＲ欄に「私はこうした努力をして、こうした経験・スキルを得た！」と、設問とは**微妙にズレた回答**をするケースが多いので、まずはそこをチェックします。

なお、中途と違って若手のため、多少の記載ミスやズレは許容するのか、厳格にするのかも、自社の採用基準に基づくことになります。

15 スカウト、ヘッドハンティングは有効？

「engage」の項でも触れましたが、めぼしい人材にDMを送る**スカウト機能は、多くの求人サイトに実装されています。しかし、返信率はビズリーチで約8％、LinkedInで約17％と言われています。**返事が来ないということです。求人広告料金とは別にオプションとしてスカウト機能をつける形式が多く（**1通当たり500円から3000円程度**）、中小零細企業にはあまり向いていない手法です。

貴社が求める人材を、依頼したヘッドハンティング会社が転職市場を探し回って発掘しアプローチする「ヘッドハンティング」も、中小零細企業には不向きでしょう。目安ですが、年収1000万円以上の人材を対象とするケースが多いです。ヘッドハンティング会社に支払う報酬も、**想定年収の約40～70％**と高額です。将来、社を背負って立つハイスペック人材が欲しい場合は検討の余地がありますが、そうでなければ他の方法を活用すべきと考えます。

第3章

良い人材が集まるツボ②

お金はかからない！アナログの新手法

1 リファラル採用①

工程はたった3つ

先に触れましたが、「リファラル採用」とは、自社の社員から応募条件に合う知人や友人を紹介してもらい、選考して採用に結びつけていくやり方のことです。

メリットは2つ。

- 自社をリアルに知っている社員からの紹介のため、ミスマッチを防げて、自社に合う人材が見つかり入社後も定着してくれる可能性が高い
- 求人広告を出す必要がないので、低コストですぐにスタートできる

とはいえ、たとえば社員数が5人に満たない零細企業なら、そもそも誰からも紹介がないといったことがあり得ます。このように即効性があるわけではないので、**他の方法と並行して進める**のが効果的と言えます。

大手と違って中小零細企業はフットワークの軽さが強みですから、リファラル採用の戦略などを練っている暇があったら、トップダウンで一気に決めてスタートしましょう。シンプルに次の3工程だけで良いのです（詳細は後述）。

①進め方や注意事項の説明
例「当社に合う良い人材がいたら、ぜひ紹介してほしい。窓口は山田取締役で。ただし、紹介を受けたからと言って特別扱いはしない。通常の選考を受けてもらう」といった内容を、社員に伝えます。

②求人情報の周知
たとえば求人サイトに既に出している求人があれば、それを社員と共有し、その記載だけでは伝えきれない内容があれば、補足しておきます。

③紹介料の支払い
紹介により採用が決まったら一定額の報酬を（紹介者である社員に）支払います。

まずは取り組んでみること、これに尽きます。

2 リファラル採用②

質より量！

もちろん、紹介してもらえるなら誰でもいいわけではありませんが、中小零細企業であるがゆえに、求める採用基準を厳格にして社員に伝えたら、そもそも紹介なんて一件も来なくなります。

「原則は誰でもOK、ただし一部NGがあり、こうした人材なら紹介はいらない」、といった「ネガティブリスト化」しておくやり方をお勧めします。

たとえば、

「当社はご存知の通り、飲みニュケーションがあるし、会社としてもこうした場を大事にしてきた。だから、そういったものには参加したくないという志向の人は、たとえ仕事ができたとしても、紹介してもらわなくて良い」

といった感じです。

特にスタート当初は、質は一旦置いておいて**量に比重**をかけるべきです。一度でも紹介してもらって「紹介って、こうすれば良いんだな」と社員に経験してもらえば、以降はスムースに進むからです。

質に比重をかけすぎたばかりに、過去にリファラル採用を始めてみたものの今では有名無実化している会社も多いのです。

「優遇措置」も有効

また、前項とは逆で、中小零細企業の場合、社員からの紹介なら選考において**優遇措置（たとえば一次面接は免除する）を設けるのも有効**です。

社員は、そうした優遇措置でもないと、紹介料がもらえるにせよ、積極的に友人や知人に声をかけないでしょうし、かけたとしてもその友人や知人が応募してみようとはならない可能性が高いからです。

3

リファラル採用③

入社意欲を上げてもらう

「質より量」でハードルを下げたら、実際に社員から紹介があったとしましょう。

この時点では、入社候補者は、

「御社の杉田君から強く誘われ、そこまで言うなら受けてみようかなと思いまして」

といったように、貴社にそこまで**思い入れはないのが大半**でしょう。まったくゼロというケースも珍しくありません。認知度の低い中小零細企業ですから、これは仕方がありません。


とはいえ、少しでも自社に興味を持ってもらったのですから、チャンスととらえて自社の事業展開、募集している仕事の詳細などを**説明する場を設けましょう。**

紹介のチャネルとは別で、応募があった人向けの説明会を予定しているのなら、そこへの参画を促す、もしくは既述の優遇措置で個別に説明するのも「あり」です。

紹介してくれた社員への配慮を

「選考において優遇措置を設けることはあるが、実際に採用するかどうかは厳格に見極める。そのため、紹介された人でも不採用はあり得る」という旨は、事前に社員に説明して納得してもらっておくべきです。声をかける相手（入社候補者）にも必ず伝えてもらいましょう。

不採用だった場合、紹介してくれた社員と紹介された人の間で、「お前が『紹介という形で』と強く誘うからわざわざ休日潰して面接受けてやったのに、不採用ってどういうことだよ？　バカにしてんのか？」と、関係が悪化する可能性があります。

採用されたとしても、「こんなの聞いてない、思っていたのと違う」と、早い時期で退職してしまい、紹介してくれた社員の立場が悪くなることもあります。

こういった事態を避けるために、この制度における注意事項を周知徹底しつつ、もし発生したとしても「決してあなた（社員）のせいではない」と丁寧にフォローしておくべきです。

4

リファラル採用④

取引先にお願いしてみる

「当社でもぜひやってみよう！」とリファラル採用を開始しても、何の動きもなく形骸化してしまうのは、中小零細企業ならではの「あるある」です。

特に、社員数が少ない零細企業なら、おのずと社員が声をかける人の数が限定されますから、形骸化しやすくなります。

そこで次の打ち手として、**「取引先、関与先にもお願いしてみる」**というやり方もあります。たとえば融資を受けている金融機関の担当者に、

「年明けに営業が辞めたんだけど、全然募集が来なくて。誰か良い人いない？」

と話した経験がある社長は、一定数いると思います。

中小零細企業なら、こうした感じのスタートでまったく問題ありません。

自社の社員にお願いするのが内部、内向きだとすると、これは外部、外向きの取り組みです。やり方は基本的に同じですが、外部ゆえ自社で勤務した経験がないために、阿吽《あうん》の呼吸で伝わることはありません。

そのため、以下の手間をかける必要があります。

・紹介してほしい人物像を明確にする
・いま出している求人票を送る　等

紹介料を支払うかどうかは、本来は双方間の話し合いで決めるべきです。ただ、職業紹介事業の許可がないと法に抵触する危険性がありますので、ボランティア（無償）でお願いするのが無難と言えます。

ボランティアゆえに効果は望み薄かもしれませんが、これも**「一声かけるだけ」**と、コストがほとんどかからない、すぐできるやり方ですので、ぜひ取り組んでみてください。

5 リファラル採用⑤ 紹介料は賃金、給与で

直近のある統計によると、リファラル採用をやっていても報奨金を支給しない企業は全体の66・4％だとか。結構多いですね（TalentX「リファラル採用の実施状況に関する 企業規模・業界別統計レポート 2024年版」より）。

筆者の顧問先に、30名の職員が勤務する保育園を運営する社会福祉法人があります。保育士不足を解消するためリファラル採用を導入、運用しています。紹介料がインセンティブとして機能していることもあり、実際に採用に至るケースも多いです。

中小零細企業なら、やはり**有償**としておくことをお勧めします。

なお、ここはお金が絡むため、支給のルール化や法に抵触しない支給方法などを事前に整備しておく必要があります。

賃金、給与で支給する

まずルール化ですが、**賃金規程の中に盛り込む、もしくは別途、社員紹介報奨金規程を作成**しておきます（3章末参照）。

気になる金額ですが、企業規模に関わらず、10万円前後の設定が多いようですが、貴社が採用難なら最大30万円位まで上げて良いでしょう。

ただ、あまりに多額だと、支給される社員は「業」として人材紹介を行っている者としてみなされてしまい、職業安定法という法律に抵触する可能性があります。なお紹介料は、違法にならないように**賃金、給与**で支払っておいてください。慶弔見舞金のように、**金一封として現金で支給すると、課税から逃れる行為とみなされてしまいますから要注意です。**

正しいやり方さえすれば、中小零細企業でも十分効果を発揮する、このリファラル採用。ぜひ取り組んでください。

6 「アルムナイ採用」は機能する？

「アルムナイ採用」とは、過去に退職した社員を再び採用するやり方です。昨今の慢性的な人手不足の中、大手を中心にこの採用手法が広まりつつあります。

これとよく勘違いされるのが、再雇用制度。こちらは定年退職後に再び同じ会社に継続雇用されるやり方です。

一方このアルムナイ採用は、一度は外の空気を吸った人材が再び戻ってくるというもの。

メリットはズバリ「即戦力として期待できる人材を採用できる」ことです。

以前自社で勤務していたため、自社独自のやり方や社風なども熟知していて、既存社員とも旧知の仲であるがために、公募等で採用した人材と比べて、より一層の即戦力としての活躍が期待できます。

社員の不満も

ただ、中小零細企業だと一度退職した社員自体がそう多くないので、大手のようにきちんと制度化しても、あまり機能しない可能性が高いと言えます。

また社員が少ない分、「上司や部下に厄介な引き継ぎをやらせて辞めたアイツをわざわざ呼び戻すって、上は一体何を考えてるんだ？」と、現在勤務している社員から不平不満が発生する可能性も高いでしょう。

たとえば、たまたま社長が元社員と街で出くわして、いま彼（元社員）が求職中だったとしたら、「ウチでまた働いてみないか？」と声かけをするといったケースは、あり得ますよね？

中小零細企業なら、アルムナイ採用については、この程度の**偶発的なやり方で十分**です。それよりも、他の採用方法に比重を置いて取り組むべきと考えます。

7 ハローワークって、今どうなの？

中小零細企業なら、求人の際、まずはハローワーク（以下ＨＷ）に求人票を出す、というところも多いでしょう。

ただ、筆者の顧問先には、「昔からずっと求人票を出しているが、今はＨＷではまず応募者が来ない」とお嘆きのところも多いのです。

皆がスマホを保有し、Indeed のようにシンプルで使い勝手の良い求人サイトも存在感を増す中で、実際にＨＷに足を運んで専用端末から求人を探す求職者はマイノリティでしょう。

とはいえ、ＨＷの最大のメリットは、**無料で信頼できる公共機関に求人票を発行できる**点で、中小零細企業のニーズと合致します。

インターネットハローワーク求人のように、Indeed の検索対象となれば、Indeed 経由で応募が増える可能性もあります。

「インターネットハローワーク」は、お勧め

反応がイマイチだったとしても、中小零細企業ならやはりＨＷを使わない手はありません。

中でも、筆者は**インターネットハローワークサービスの活用をお勧めします。**

求人情報の登録はネット上で完結しますし、民間の求人サイトと比べて使い勝手には劣りますが、写真掲載や事務所のＰＲができたり、応募管理もできます。

特に最初の設定時ではいろいろと面倒で心が折れそうになりますが、ここの操作に慣れてしまえば、こっちのものです。

なお、いまＨＷで十二分に人材採用ができているなら、そのやり方を継続で良いのですが、今は昔と違ってそうでないケースが多いでしょう。

したがって、求人チャネルとして**「ＨＷ一択」は「なし」で、他の求人サイトと並行して活用**するのが効果的な求人方法と言えます。

8 ハローワークの「窓口」をフル活用

前項で筆者は、インターネットハローワークサービスの活用を推奨しましたが、慣れていないと、ＩＴに強い人でもけっこう苦戦するのが難点です。

たとえば、画面上でエラーメッセージが出ても、どこをどう直せば良いのかわかりにくく、すぐに対応策が見つからず、そのまま放置して断念というケースもよくあります。

一方、毎年、複数の採用をするわけではない零細企業であれば、今まで通りＨＷ窓口で求人申し込みをするのが、手っ取り早いと言えます。

訪問や求人票作成の手間はかかりますが、ＨＷ窓口に行けば、担当者に**相談しながら求人票を作成できる**のが最大の利点です。

こうした相談にも一切費用はかかりません。

担当者とコミュニケーションをとりながらできる

たとえば最低賃金が改定されたのを知らずに昨年の感覚で賃金を書いたところ、最低賃金を下回っている、といったように法的にNGな点があれば、その場できちんと指摘してもらえます。

また「今、この職種の求人って他社からも出ていますか？」といった質問に回答してもらえたりします。

筆者の同業である社労士やキャリアコンサルタントが、この担当者だったりする（実際に仲間達が働いている）こともあり、職業柄、親切丁寧に対応いただけることも多いのが特長です。

求人サイトによって画面レイアウトも項目も違う等、求人の出し方は様々ですが、HWに求人票を出すことができれば、これが**法的な部分をクリアした貴社のスタンダードな求人という位置づけに**なります。

これを元にすれば、求人サイトへの展開もやりやすくなります。

9 各種学校に求人票を持参する

筆者は、埼玉県下2つの公立高校の就職指導と、4つの大学のキャリアセンターでの就活支援の経験があります。

その経験を通じて導き出したのが、**自社の求人票を各種学校に直接持ち込む**やり方です。

非常に大きなメリットが2つ。

- ・生徒、学生の進路のことなので、アポ電を断られることが一切ない
- ・就職の実情をよく知る担当者とリアルで面談できる

これに取り組んでいる企業はまだ少数でしょう。

大学はリクナビ、マイナビといった就活サイトがまだ強いので効果薄かもしれま

せんが、そういう仕組みがない**高校はまだ穴場**です。**地域密着の中小零細企業なら非常に有効**です。

それぞれ時期もやり方も違いますが、中小零細企業ならではの、うまくいく方法を伝授します。

まず、どの学校を回るか。

たとえば埼玉県上尾市の鉄工所なら、周辺の工業高校をターゲットにします。

事務や経理を探すなら、周辺の商業高校を狙います。

実は、高校は50年近く就職のやり方が変わっていません。

流れは以下です。

- 6月1日にハローワークでの求人申込書の受付が開始
- 夏休みに高校生による会社見学
- 9月中旬に1次応募選考（1人につき1社しか応募できない制度）が解禁
- 1次応募選考に落ちたら複数応募が可能になる

したがって、**7月～8月に高校を訪問するのが最適**と言えます。

ただ、高校によって動きがバラバラなので、たとえば**10月に訪問して、「まだ決まっていない生徒がいたら教えてほしい」というやり方も「あり」です。**

大学には効果があるか？

就活サイト経由が圧倒的多数の大学生の採用でも、このアナログ的なやり方が通用することがあります。たとえば、

・大学指定の求人票を作成すると、学内に掲示してもらえる
・大学主催の就活イベントにブースを出展できる場合もある
・福祉系といった専門職なら、知り合った担当教授から強い推薦をもらえることも

実際は大学によって全然やり方が違いますが、中小零細企業ならその地域にある大学のキャリアセンターに電話して話を聞いてみることから着手してください。

高校も大学もこのアナログ手法なら無料ですが、その分、アポ電をしたり自社を紹介する資料を用意したりと、汗をかかないといけない側面もあります。

ただ、各学校の担当者とリアルにつながっておけば、向こうから有益な情報（「来月に学内セミナーを開催する」、「優秀な学生なのだが1次応募選考で落ちて次を探している」等）を得られることが多々あります。

ぜひチャレンジしてください。

社員紹介報奨金規程

(総則)

第1条　本規程は、株式会社○○○○の社員紹介の報奨金の取扱いについて定めます。

(適用)

第2条　本報奨金について適用範囲は全社員(パート、アルバイトを含む)とします。

(紹介報奨金)

第3条　本規程における報奨金は、社員が友人、知人等を当社に紹介し、その後採用、入社となった当該社員が1年継続勤務した時点で支給します。

なお、1年継続勤務とは、年次有給休暇の付与基準と同じく、所定労働日の8割以上の出勤を要するものとします。

(報奨金の支給)

第4条　報奨金は、前条の継続勤務条件を満たした社員1名につき1回限り、直近の給与支払時期に紹介手当として金○万円を紹介した社員に支給します。

なお、この支給時期に紹介した社員が当社に在職していない場合は支給しません。

(規程の変更)

第5条　本規程を変更する場合は、社員に対して事前に通知するものとします。

附則

1　この規則は、20ｘｘ年4月1日から施行します。

2　この規則を改定する場合には、社員を代表する者の意見を聞いて、これを行うものとします。

第4章

面接で「即戦力」を見抜き自社の魅力を伝えるコツ

1 「ありきたりの回答」を避ける準備が不可欠

中小零細企業の場合、応募が少ないので、応募書類に不備があっても書類選考では不採用とせず、「とりあえず会ってみよう！」という流れが多いと思います。

とはいえ**「会えばわかる」は大いなる幻想**で、20年以上も現場最前線で対応してきた筆者でも、間違った評価を下してしまうこともよくあります。

今は面接対策のノウハウも多く出回っていて、筆者自身も面接選考を突破するノウハウ本を複数上梓しています。こうした面接テクをしっかりと身につけた応募者に対して、面接選考が本業ではない中小零細企業の担当者が、何の準備もせず臨んだら、自社に合う人材なのか、そうでないかを見極めるのは難しいでしょう。

評価ミスを減らすためには、事前に戦略を練っておく必要があります。といっても難しく考える必要はありません。

①面接に呼ぶ選定基準
②面接の回数
③面接官の選任
④出題する質問
⑤評価方法

の順番で整理すれば大丈夫です。①から⑤について説明しましょう。

①「応募書類を提出してきた人とは必ず会う」といった基準を設けておく
②1回から3回の範囲で、大まかにでも決めておく
③企業規模や仕事内容等によって決める（詳細は後述）
④事前に質問する内容を整理しておく
⑤誰がどのように評価するのかを決めておく

といった感じです。なお、人手不足のため、ルールや基準を厳格にしすぎると誰も採用できなくなりますので、柔軟に対応することが求められます。

2 面接官を誰にするか

中小零細企業と一括《くく》りに言っても、企業規模によって面接官役を担う人は変わってきます。たとえば人事部門がある中小企業と、家族従事者しかいない零細企業なら、1次面接なら前者は人事担当者が、後者は社長が担うことが多いでしょう。後者は例外として、面接官役を社内の誰に任せれば良いかは重要なポイントです。筆者は、その**応募者と一緒に働く社員を面接に参画させるやり方を推奨します。**

人事や社長が高評価をして採用、入社となっても、実際に一緒に働く社員達とうまくかみ合わず職場内で不協和音が発生するのを回避するためです。

とはいえ、面接の経験もなくトレーニングも受けていない社員が、メインの面接官役を担うのは無理があります。

そこで**オブザーバー的にでも参画させて、「この人と一緒に仕事ができそうか?」という一点だけ見てもらう**ようにします。

面接の回数

1次、2次、最終と3回の面接を実施し、1次は人事、2次は現場の責任者・担当者、最終は社長、役員というのがオーソドックスなやり方ですが、中小零細企業ですから、型にはまる必要なんてありません。

そもそも3回もやっている人的・時間的余裕がないところも多いでしょうし、工数が多く長期間になると、応募者も他に目移りする可能性も出てきます。

後述する筆者推奨の**「仕事体験会」を設けるなら、面接は1回やれば充分**。

この1回に最終決定権者である社長、応募者と一緒に仕事をする社員（現場の責任者を含む）は必須メンバーとして、他に人事や関係する役員が必要なら参加してもらいます。

3 「面接評価シート」、「面接質問シート」と評価のあり方

今「面接評価シート」でググると、たくさんのテンプレートが出てきます。これをダウンロードして、自社に合った形に改良し利用しているところも多いようです。

しかし筆者は、このシートが中小零細企業においてきちんと機能しているかについて懐疑的なスタンスです。というのも、たとえば「前向きな姿勢がうかがえるか」という評価項目について、5段階評価でどう評価するのか？　基準が定量的でないので、評価が非常に難しいからです。

したがって、中小零細企業においては、このような**面接評価シートの活用はあえて「なし」にして、もっとシンプルに評価するやり方を推奨します**（詳細は次頁）。

一方、面接評価シートではなく、**「面接質問シート」は作成必須**です。

実際に面接で質問する項目を事前に整理して、この質問シートにまとめておきます。こうすれば、応募者が替わっても問う内容は同じなので、応募者同士の比較対照が楽になります（サンプルとして、最低限聞くべき厳選15質問にまとめたシートを掲載します。実際の面接においては、適宜改訂してご活用ください）。

「序列法」のメリット

中小零細企業なら、曖昧な5段階評価がある「面接評価シート」に基づいて評価するよりも、応募者を評価が高い順に並べる**「序列法」**をおすすめします。

方法はいたってシンプルで、応募者が5人いたら、上から1、2、3、4、5と並べていくだけです。

ここで初めて評価基準の話が出てきます。

1番と2番の違いは何か？

2番と3番の違いは？

たとえば「1番のAさんと2番のBさんの違いは即戦力性。Aさんは前職で当社と全く同じ製品を売っていたが、Bさんは類似製品だったから」といった感じです。

こうして序列すれば、見える化できるし、他の面接参加者とも共有できて効果的です。

曖昧さの残る「面接評価シート」よりも、より納得性の高い評価ができるはずです。

面接質問シート

日付：2024/05/24　　応募者：　佐藤涼子

面接官：高橋由美、田中一也、渡辺義弘　　本シート記入者：高橋由美

- □ 1）簡単で良いので、自己紹介してください。
- □ 2）今までの経歴について、ご説明ください。
- □ 3）そうした経歴を含め、あなたは当社に対してどのような貢献ができますか？
- □ 4）応募職種に関するスキルや知識をチェックする質問（例．人事職なら「ジョブ型雇用についてのメリット・デメリットを教えてください」）
- □ 5）自覚しているご自身の強み・弱みは何ですか？
- □ 6）周りからどのように言われることが多いですか？
- □ 7）現職から転職する理由（前職を退職した理由）は？
- □ 8）当社を志望する理由を教えてください。
- □ 9）当社について知っていることを、すべて話してください。
- □ 10）応募職種の魅力、やりがいとはどのようなものですか？
- □ 11）今後のキャリアについて、どう考えていいますか？
- □ 12）（体験会について案内した後に）体験会参加は可能でしょうか？
- □ 13）育児や介護、持病など、当社で働く上で配慮すべき事由があれば教えてください。
- □ 14）何か質問はございますか？
- □ 15）この面接での虚偽の発言は懲戒の対象になりますが、よろしいですよね？

所感、評価等

4 質問① 本音を見抜く

「当社についてご存知のことを、すべて話してください」

面接テクを身につけた応募者の本当の姿を面接だけで見破るのは、実際のところかなり難しいです。筆者は面接を開始する前に、

「一緒に働くとなると、家族より長い時間を共有することになるので、ミスマッチがあるとお互いに不幸ですよね。それなので、できるだけ本音で話してください。もちろん、私も本音でお話しします」

と伝えていますが、それでも本音ではなく建前の話は混ざってきます。

といっても、ありきたりの質問ではなく、聞き方を変えることで、その糸口を見出すことができます。

たとえば「当社への志望度は？」と聞かれたら、応募者はほぼ「志望度は高いです」、「第1志望です」と回答するでしょう（そう言っていたのに、次の選考や内定

を辞退された経験、ありますよね？）

それなので「当社を志望する理由を教えてください」とそのまま聞いても、効果的ではありません。同業他社でも当てはまる凡庸な回答しか返ってきません。

そもそも知名度のない中小零細企業ですし、「ここで働いてみたい」という意欲は、面接や説明会等で実際に働く社員から話を聞くなど、双方のコミュニケーションを通して熟成していくものですので、いきなり面接で聞くこと自体、無理があります。

NG!

志望動機についての質問が、「当社を志望する理由を教えてください」のみ。

OK!

「当社についてご存知のことを、すべて話してみてください」

湯水のように自社の情報が出てくるのか、だんまりか。事前に企業研究をきちんとする人なのかが見えますし、自社への想いの強弱も測ることができます。

5 質問②「すぐ辞めないか」見抜く
「重視するポイントを3つ挙げてください」

社員数が少ない中小零細企業にとって、新しい人材を採用しても即座に退職されるというのは、かなりの痛手です。すぐ辞めるかどうかなんて、そもそも誰もわかりませんが、その傾向があるかは、質問の仕方である程度把握できます。

ストレートに聞いても、「もちろん、すぐ辞めたりしません」、「はい、御社で長く働きたいと思っています」といった建前の回答しか得られないでしょう。

NG!

「すぐ辞めたりしませんよね？」

「当社に入社したら、長く勤められますか？」

ここも聞き方を変えてみましょう。

OK！

「今回の就職（転職）にあたって、重視するポイントを3つ挙げてください。たとえば、ワークライフバランスとか、高い給与といった処遇面とか」

ただ漠然と「3つ挙げてください」だと応募者も回答しづらいので、こちらから例示しておきます。たとえば残業が多い働き方の職場だとしたら、ワークライフバランス重視の人とは相いれない可能性が高いと言えます。

「やりがい」や「自己成長」といった、曖昧さが残る点を重視すると回答されたら、次のように聞いて、定義してもらってください。

OK！

「あなたにとってのやりがい（自己成長）とは？」

たとえば、「やりたい仕事ができる」が定義なら、そのやりたい仕事を入社直後から提供できるかという点から、自社に合っているかの判断材料にします。

6 「あなたにとって仕事とは？」

質問③「コミュ力」を見抜く

仕事を進めるに当たり、コミュニケーション力（以下「コミュ力」）は非常に重要です。面接で、ある程度は測れるはずです（ズレた回答を連発するなら要注意）。

OK！

①「あなたにとって、仕事とは何ですか？」
「○○についてどう思いますか？」

②「仕事をする上で、苦手なタイプはどんな人ですか？」
「その苦手な人と、どのように付き合っていきますか？」

③「あなたは、周りからどのように言われることが多いですか？」

④「独りで黙々とする仕事と、仲間と一緒にする仕事、どちらがやりやすいですか？」

⑤「それはなぜですか？」

①漠然としていて、パッと答えにくい質問。事前に回答を用意できないため、即応性を見ることができます。

②苦手なタイプを聞いて終わりではなく、それにどう向き合うのかまで突っ込んで聞くことで、苦手から回避しないコミュ力を感じ取ることができます。

③周りとコミュニケーションがとれている人なら、周りからの自分の評価を把握できているはずです。

④周りとコミュニケーションを取ることに関して、ポジティブなのかネガティブなのかが見える質問です。

⑤コミュ力が高い人は、回答が論理的で一貫性があります。回答を深く追及することで、それをあぶり出すことができます。

7 「職場の人と意見が対立したら、どうしますか？」

質問④「協調性」を見抜く

少数精鋭の中小零細企業に、協調性の乏しいわがままな社員が一人でもいたら、会社組織が崩壊しかねません。協調性を測るのに有効的な質問は、以下です。

NG!

「協調性は、ある方ですか？」

OK!

①「チームワークを発揮して成果を出した経験があれば、教えてください」
②「職場の人と意見が対立したら、どうしますか？」
③「余裕がない状態で、職場の仲間から支援を求められたら、どうしますか？」
④「仕事をする上で、大切にすべきことは何ですか？」

⑤「これまでにチームで成し遂げた経験と、その中でのあなたの役割について教えてください」

①⑤やはりこうした経験が乏しいと、会社組織に入ってもどうふるまえば良いかすらわからず、協調性に欠ける可能性があります。

②対立を解消した経験があれば、それに基づいて回答するはず。その解消法から協調性の有無を判断できます。

③「もちろん、支援します」と回答したら、「余裕がないのに?」と追及して、本当にそこまで対応する気持ちがあるのか、本音を引き出します。

④あえて漠然とした質問をすることで、ここで「個人＞組織」という旨を感じ取れたなら、協調性に乏しい可能性があると見ます。

こうしたストーリーを語ってもらえば、協調性の有無を測る材料を複数、収集することができます。

8 「ストレスはどう解消していますか？」

質問⑤「メンタル」を見抜く

ストレス社会の昨今、メンタル不調で休職する人が多いのはご存知の通りです。とはいえ、人的余裕がない中小零細企業で多数の休職者が出たら、会社経営が止まってしまいます。実際には、面接だけでは自社に必要なメンタルの強さは測りにくいですが、これを感じ取るのに有効的な質問を、次にピックアップします。

NG!

「メンタルは強いですか？」
「ストレス耐性はありますか？」

OK!

①「これまでの人生で直面した困難と、それをどう克服したかを教えてください」

②「ストレスはどう解消していますか？」
③「ご自身の長所、短所を教えてください」
④「物事を真剣に考える方ですか？　それともテキトーで楽観的な方ですか？」
⑤「ストレスを感じるのはどんな時ですか？」

①「前職で小さなミスをして叱られた」といったショボいものでなく、たとえば生死をさまようレベルの困難を経験しているかで強さを測ります。
②入社後も健康なメンタルを保つことができるかをチェックします。
③一概には言えませんが、たとえば「神経質、心配性な人は、メンタルに支障をきたす可能性がある」と見るやり方です。
④メンタルに支障をきたす可能性をあぶり出す2択の質問です。
⑤これも自社の基準において子細なレベルならば、メンタルに支障をきたす可能性が高いと見ます。

9

質問⑥　経歴の謎を解く

「ブランクを、あなたはどう捉えていますか？」

中小零細企業にピカピカの経歴を保有する人材はなかなか来ない一方、妙に転職回数が多い、失業期間が長い、長期のブランクがある、といった謎の経歴をお持ちの人材は集まってきます。もちろん、だから自社に合わないとは即断できません。

次のような質問が有効です。

OK！

①「転職回数が多いようですが、この事実をどう捉えていますか？」

②「転職回数が多くなった理由をお聞かせください」

③「失業期間が少し長いように感じますが、いかがでしょうか？」

④「2年間のブランクがあるようですが、その間は何をされていたのです

⑤「こうしたブランクを、あなたはどう捉えていますか？」

①「決して多くない」とか「多くの仕事を経験したのは私の強み」などと回答する人は、事実を受け止める素直さを感じられず、疑問符が付きます。

②「転職回数が多いから、当社に入社してもすぐ辞めるだろう」は早計で、納得の理由があるかもしれません。それをきちんと聞いておきます。

③一般的には、半年以上だと長いと言えるでしょう。「再就職活動に全力を尽くしたけれども、思うような成果が得られなかった」なら、納得の答です。

④⑤放浪の旅や資格の勉強、療養、アルバイト、ワーホリなど、2年間の過ごし方は自由ですが、その内容が自社で受け入れられるかがポイントです。再就職にはネガティブ要因になりかねない「ブランク」をどう見ているのか、チェックしておきましょう。腰を据えて仕事をする気持ちが感じられないならマイナス評価になります。

10

質問⑦ 緊張を解く

「今日はどのようにして、当社にいらっしゃいましたか？」

企業規模を問わず、応募者にとって、面接は緊張する場であるのは間違いありません。面接でその人を知ろうとしても、緊張のあまり本来の力を発揮せずに終わってしまうのは、企業も応募者も非常にもったいないと言えます。

そこでまずは、応募者の緊張をほぐす質問をいくつか紹介します。

OK!

①「最近、暑いですよね？　体調を崩したりとかしていませんか？」

②「今日はどのようにして、当社にいらっしゃいましたか？」

③「少し緊張されていますよね。私もこういった場は、実は苦手でして……」

①天候は全世界共通の話題ですので、アイスブレイク（初対面同士が出会う時、緊張をときほぐすための手法）に非常に適しています。
②回答しやすいものなので、スムーズに対応できるでしょう。
③応募者の共感を得やすい面接官の発信には、緊張をほぐす効果があります。

さらに、こういう質問も有効です。

OK!

④「こうした面接のような、厳かな場は苦手（得意）ですか？」
⑤「緊張からか顔色があまり良くないようですが、いつもそうなのですか？」

④入社後にプレッシャーのかかる仕事を担ってもらうなら、こうした直球の質問もあり。苦手なら不向きということになります。
⑤「面接くらいで緊張しているようでは、当社の仕事は到底無理」なら、こうした圧迫質問で反応を見るのもありでしょう。

11

質問⑧ 面接慣れしている人へ

「当社の社長になったら、何に取り組みますか？」

面接慣れしすぎている応募者は、一定数います。慣れていない中小零細企業の面接官の一枚も二枚も上を行くでしょう。とはいえ、面接でうまく話せるからと言って、自社に合うとは限りません。

面接慣れしている人は、一般的には定番質問の回答に慣れています。噺家レベルにアドリブが効く人は別として、想定外へのアドリブ力を測る質問が有効です。

OK!

①「あなたが当社の社長になったとします。まず何に取り組みますか？」

②「快晴時の空って、何で青いのでしょうね？」

③「面接慣れしていますよね？」

④「自分の意見をしっかり話せる人ですね。その分、敵も多いのでは？」
⑤「ここまでの面接を振り返って、10段階評価で自己採点してください」

①自己ＰＲや長所・短所、志望動機といった定番質問ではなく、こうした漠然とした質問は効果的。「私ならこうする！」が、自社の方向性とマッチするなら、高評価につながっていくでしょう。
②仕事とはまったく関係のない想定外の質問で、面接慣れと関係のない部分の人柄を見ます（科学的な正解を知っていたとしても評価ポイントではありません）。
③ズバリ聞いて反応を見ます。
「何事にもしっかり準備するタイプなので、そう感じていただけたのだと思います」といった回答なら、入社後の期待も高まり高評価につながっていくでしょう。
④こうした少しイヤミの混じった圧迫質問で反応を見るのもありでしょう。
⑤想定外＆点数での自己評価と、面接慣れしていても有効に回答するのが難しい質問により、自社の見立てと本人の評価が過剰なのか過少なのかを選考材料とします。

12

質問⑨「他社に行かないか」見抜く

「現在の（他社の）進捗具合を教えてください」

応募者にとっては、複数の企業から内定を獲った上で、処遇面や社風、やりがい等を比較検討して転職先を決めたいのが当然の本音です。

自社に合いそうな良い人材なら、早めに決めてもらわないと、すべての採用工程に影響が出てしまいます。そこで次のような質問が有効です。

OK！

①「これまでのやり取りを通じて、あなたは非常に優秀であることがわかりました。でも、これだけ優秀なら他社も放っておかないですよね？」

②「いま転職活動中とのことですから、他社も複数受験されていると思います。差し支えない範囲でかまいませんので現在の進捗具合を教えてください」

③「弊社から内定をお出しした場合、受諾するかしないかの決断にはどれくらいの期間が必要ですか？」

①応募者側から他社の存在を語ってもらう、いわば誘導尋問の一つです。ここで他社よりも自社を優先している旨が伺えたら、高評価でしょう。
②たとえば「それは回答を差し控えます」と、まともに回答しない人が自社に合うのかが一つの判断ポイントです。
ここで他社の選考がまだあまり進んでいない情報を得たら、ぜひ③の質問をしてみましょう。
③誤解のないように要注意ですが、「実際にいつ入社できるのか？」ではなく、当社で働くかどうかの決断に必要な時間を問うています。一般的な「2週間以内」を一つの目安として、あまりに長いようなら縁がないと見限ることも必要でしょう。

13 質問⑩「社風に合うか」見抜く
「社長が特定の組織団体を推していますが、抵抗ありませんか?」

社風というのは、なかなか言語化、定量化しづらいものです。また、「当社は社長も含め、重役も部長も課長も若手も、みんな『さん』付けで呼び合う風通しの良い文化です」と、求人広告でPRしたとしても、たとえば儀礼的に「さん」付けで呼んでいるだけで実はパワハラが横行しているなら、風通しが良いとは到底言えません。したがって、「こんな会社だと知ってたら入社しなかった」となりかねないと思われる、自社ならではのネガティブ要素に目を向けて、事前に確認するのが間違いないやり方です。

次のような質問が有効となります。

OK！

①「参加を強制されることはありませんが、社長が特定の組織団体（政党、宗教、球団等）を推していて、そういったことに抵抗はありませんか？」

②「当社は大半が職人気質で、既存の社員達から認められないと、やっていくのは難しいのですが、大丈夫ですか？」

③「当社には、いわゆるお局さん的な存在がいますが、そのような方の下でもやっていけますか？」

①強制しなくても、こうした組織風土がそもそも「無理！」という人も一定数います。

②簡単には「大丈夫」とは回答しづらい、かなりハードルの高い質問です。ただ、自社の社風がそうなら、ごまかさずにきちんと確認して入社の覚悟を問うべきです。

③ここも②と同じです。「お局さん」を「部下に厳しい部長」「細かい報連相を求める課長」など、自社なりに置換してください。自社にいるそうした既存社員を軸に、その部門を運営していく方針なら、事前にこのようにきちんと伝えておくべきです。

14

質問⑪ 配属を想定している部署・上司と合うか

「配属先の上司は、面倒見が良い反面、厳しい指導で知られていますが、やっていけそうですか？」

中小零細企業ゆえに、「採用後はこの部門のこのポジションに配属する」と決めているケースが大半でしょう。

既述のように、たとえば「社長とは相性が良く高評価で採用したが、現場ではソリが合わず短期退職」というのは枚挙にいとまがありません。実際に一緒に働く現場の職員を面接に参加させるやり方を既述しました。

それに加えて、次のような質問が有効です。

OK!

①「当社の経理部は経理オンリーではなく、人事も総務もやってもらうのですが、大丈夫でしょうか？」

②「配属先の仕事は、閑散期と繁忙期の差が激しく、月単位で勤怠が大きく違いますが、そうした勤務体系は大丈夫でしょうか？」
③「配属先のメンバーは皆、あなたと年が離れていますが、やっていけますか？」
④「配属先の上司は、面倒見が良い反面、厳しい指導で知られていますが、やっていけそうですか？」

①配属予定先の部署に自社特有のものがあれば、先回りして伝えておき、その覚悟を問います。
②ここも①と同じで、配属先の働き方に特徴があるなら、大丈夫かを事前に確認しておきます。
③ここも①②と同じで、職場の人員構成や雰囲気を事前に伝えておき、やっていけるかを確認します。
④業務上、最も関わりが出てくるはずの上司の特徴を伝えて、やっていけそうかを確認します。

15 圧迫面接は今でも有効？

ウィキペディアによると、「圧迫面接とは、受験者に対して、わざと意地悪な、もしくは威圧的な内容の質問や反論をし、これに対する応答・対応を評価する面接のことをいう」と定義されています。

超買い手市場（超氷河期）の下、ストレス耐性を見る目的で、圧迫面接が流行った時期がありますが、人手不足でネットで悪評が広まってしまう昨今では、かなり減少しました。

一方で、たとえばカスタマーサポートのような職業柄、「厳しいクレーム等に耐えうるかどうか？」を見極めるために、圧迫面接をするケースもあります。

つまり、何でもかんでもNGではなく、**実際に就く仕事における本人の適性・能力を見極めるためなら、有効に機能する場合もある**ということです。

多くの応募者、面接官が勘違いしていること

面接で「それはなぜ？」と深掘りされた、詰問された、それで「これは圧迫面接だ！」と主張する人がいます。

面接官はその回答の根幹となる考え方や背景、事情などをきちんと汲み取りたいから、深掘りしたり回答の曖昧さを突いたりするのです。

それなので、厳しめに質問されたから圧迫面接と決めつけるのは早計で、むしろ応募者に興味・関心があるからこそ、やるのです。

なお、こうした誤解も含め、圧迫面接をするなら事前に、

「今回の仕事の特性上、お客様との厳しいやり取りが想定されますので、この面接でもそういった聞き方をさせていただきます。決してあなたを威圧して嘘がつけないようにするといった目的ではないので、その点はご承知おきください」

と、伝えておくと効果的でしょう。

16 聞いてはいけない質問と改善例

たとえば、

「出身はどちらですか？」

「尊敬する人は？」

「愛読書は？」

といった何気ない柔らかい質問でも、実は職業安定法に抵触してしまいます。NG質問はググれば出てきますので、紙面の関係上、詳細は割愛しますが、**本人に責任のないこと（本籍地や家族の職業等）や、本来自由であるべきこと（思想・信条等）は、業務上必要な適性や能力とは関係がないので、雑談シーンでも聞いてはいけない**と心得ておいてください。


一方、**「持病や既往歴などの健康状態のようなセンシティブな内容も聞いたらマズいのか？」ですが、原則はNG**です。とはいえ会社には職場の安全配慮義務もありますし、既述の何気ない質問とは違って会社としては知っておきたい情報でしょう。

そこで**「採用後の勤務に耐える健康を保有しているかを見極める目的」**なら、**限定的にOK**と言われています（4章17参照）。

たとえば「今までメンタル不調になって仕事に影響を与えた経験はありますか？」とズバリ聞くよりも、本人から自発的に語ってもらう方が、さまざまなリスクも低減できるでしょう。

「実際に当社で勤務するにあたって、あなたの体調面で配慮すべき事項があればぜひ教えてください。当社もそうしたことを知らず、何の対応もしなかったがために、継続勤務が難しくなることは望んでいません。こうした主旨をご理解いただいた上で、ぜひご協力をお願いします」

といった感じで聞いてみてください。

また今、そういった**配慮が必要な社員がいる（いた）が、頑張っている（いた）**、と**いった事例があれば、こちらから積極的に伝えておきましょう。**

17 アンケートを書いてもらうやり方も

面接の中で、「当社で働く上で、何らかの配慮が必要かどうか?」を聞くのは、シンプルに「当社の勤務に堪えうるか?」を知りたいからです。つまり、そうした配慮が必要ではない持病があったとしても、「(配慮してもらう) 必要はありません」との回答なら、そのままスルーで良いでしょう。

このようなセンシティブな情報を応募者から得ることについては、合理的な理由があれば、ただちに違法だ、就職差別だ、という指摘は当たらないでしょう。

たとえば、運転手の募集に対し、眠気をもよおす作用がある薬での治療を受けている人は、勤務に堪えうるでしょうか?

また事務職でも、業界の特性上、荒っぽい口調のお客様からの強引な要求やクレームがある職場だったら、メンタル疾患を抱える人は向かないでしょう。

厚労省大阪労働局のHPには、

「採用選考時にいわゆる『血液検査』等の健康診断を実施する場合には、健康診断が応募者の適性と職務遂行能力を判断するうえで、合理的かつ客観的にその必要性が認められる範囲に限定して行われるべきものであります。」

とあります。

https://jsite.mhlw.go.jp/osaka-roudoukyoku/hourei_seido_tetsuzuki/shokugyou_shoukai/hourei_seido/kosei/kensin.html

つまり、合理的かつ客観的にその必要性が認められる範囲に限定すれば良いとあります。

なお、本書では採用選考時の健康診断をお勧めしているのではなく、あくまで自主的にカミングアウトしてもらう方法を提案しています。

重要なのは、**自社で働く適性と能力を判断する上で無関係な病気の有無を把握しようとすることは就職差別につながるおそれがあるということです。その点はくれぐれも、十分に注意すべきです。**

「当社の業務遂行上、大丈夫か？」を判断する情報は、合理的な範囲で、という条件が付きますが、入手しておかないと、後で大変な問題に発展する危険性があります。先ほどの例でいえば、運転業務中に眠気が襲ってきて追突事故を起こしてしまった、また事務職ではお客様対応が苦痛でメンタル不調が深刻になった、といったケースです。

自社の勤務に堪えられない人なら、そもそも採用してはいけません。「私は隠すつもりはなかったけど、聞かれなかったから」と入社し、こうした事故を起こしたり、短期で退職を余儀なくされるなら、お互いに不幸です。

もちろん、繰り返しになりますが、「当社の業務遂行上、大丈夫か?」を判断する上で、**関係のない持病を知ろうとするのは就職差別につながるおそれがありますので十分な注意が必要です。**

アンケートをお願いするやり方もある

面接の中でこうした情報を取得できなかった場合には、アンケートをお願いする方法もあります。

採否に関わる非常に大事な話なのに、そこに触れずに曖昧にして入社させてしまったら、既述の通り、お互いにとって良くない事象に陥ることもあります。

また面接上での「言った・言わない」ではなく、記録としてきちんと社内に残るものでもあります（たとえば「なし」と書いたのに、入社後に「あり」が発覚すれば、会社側も対処がしやすくなります）ので、ぜひ記入してもらうようにお願いしてみてください。

記入してもらうタイミングですが、面接がすべて終わって応募者がホッとしている時に、お願いするのが効果的です。

なお、トラブル防止、リスクヘッジの観点から、アンケート用紙への記入は、強制ではなく、あくまで**任意**という立場が良いでしょう。

アンケート結果をどう見るか

サンプルのアンケート用紙に書いている通りですが、これは**あくまで任意であること、答えたくない質問には回答しなくて良いことを事前にしっかりと説明**しておきます。

そして、前項で記述しましたが、

「実際に当社で勤務するにあたって、あなたの体調面で配慮すべき事項があればぜひ教えてください。当社もそうしたことを知らず、何の対応もしなかったがために、継続勤務が難しくなることは望んでいません。こうした主旨をご理解いただいた上で、ぜひご協力をお願いします」

といった感じで聞いてみてください。

なお、**サンプルはあくまで事例を示しただけです。たとえば「肝臓病があっても今回の当社の業務遂行には何ら問題がない」なら、そうした無関係の項目自体を削除するなど、募集職種の業務に合わせて改訂**してください。

記入している間は席を外して、記入が終わったら用紙を裏返しにして退室してもらう等、記入に集中できる状況をつくっておきましょう。

各項目について漏れなくきちんと記入してあったら、その内容が面接でのやり取りを含め、当社の勤務に堪えうるレベルなのかを判断していきます。

一方、任意とはいえブランクがある、ブランクが多いとなるとネガティブに捉えざるをえませんが、面接での評価も含め総合的に判断することになります。

面接 アンケートシート【サンプル】

この度は、弊社の採用面接をお受けいただき、ありがとうございました。

よろしければ、入社された場合に弊社が貴殿に対して適切な配慮をするために、本アンケートへのご協力をお願いいたします。なお、回答はあくまでも任意です。お答えになりたくない場合はお答えいただかなくても差し支えありません。回答内容のみを理由に採用の可否を判断することはありません。収集した情報は、採用選考以外への使用や、第三者への情報提供は致しません。

Q1. 採用後の安全配慮義務や健康管理・労務管理の観点からお伺いします。
就業するうえで、体調面で弊社が配慮すべき内容がありましたらご記入ください。

■ 現病歴
□ なし　□ あり（病名：　　　　　　　　　　　　　　　　）

■ 既往歴（直近3年間）
□ なし
□ 伝染病（病名：　　　　　　　　　　　　　　　　）
□ てんかん
□ 肝臓病
□ 心臓病
□ 糖尿病
□ アレルギー（原因：　　　　　　　　　　　　　　　）
□ 精神疾患・うつ病など（診断名：　　　　　　　　　）
□ その他（病名：　　　　　　　　　　　　　　　　）

Q2. 賞罰についてご記入ください。（直近3年間、刑事罰含む）
□ なし　□ あり（内容：　　　　　　　　　　　　　　　　）

Q3. 暴力、威力と詐欺的手法を駆使して経済的利益を追求する集団又は個人である「反社会的勢力」との関係有無を、コンプライアンス上の観点からお伺いします。
□ なし　□ あり

補足事項などがありましたら、下記に自由に記入ください。

年　　月　　日

氏名＿＿＿＿＿＿＿＿＿＿＿＿

※シート内の文言は、あくまでサンプルです。貴社の募集職種の業務に合わせて改訂してください。

第5章

法的リスクもこれで安心、「体験会」「有期雇用」で絞り込むポイント

1

体験会①

「仕事体験会、職場体験会」は双方にメリット

規模の小さい中小零細企業では、採用した人材が配属部署に合わないとなっても、他の職場で働いてもらうという手段がなかなかとれません。

そして、今は簡単には解雇もできません。

そのため、ミスマッチ採用は致命的になりかねません。入り口でしっかりと応募者を見極める必要があります。

ミスマッチを回避するために筆者が勧めているのは「仕事体験会、職場体験会」（以下「体験会」）です。インターンシップと呼ぶところもありますが、要は実際に仕事を体験し、職場に入って同僚と一緒に過ごして、その経験から実際に応募者が自社でやっていけるかどうかを双方で確認し合う工程です。

数回の面接で「仕事ができる人か」、「自社に合っているか」なんて簡単にはわか

りません。しかし実際に仕事をやってもらえば、よくわかります。

面接1～2回終了後に判断

応募者にとっても、いきなり結婚（入社）ではなく、双方を理解し合えるお見合い期間（体験会期間）があった方が安心で、**ほとんどの応募者が参加に積極的**です。

採用フローでの位置づけですが、**書類選考後、面接1～2回を経た時点で**「この人には一度、体験会に参加してもらいたい」という評価であれば、体験会の主旨を説明して参加の承諾を得ます。

そして実際に来てもらうスケジュールを調整・決定していきます。

これは中小零細企業でも簡単に導入できますし、実際に弊所でも顧問先でも、このやり方を導入した後は、**ミスマッチを激減させることに成功しています。**

2 体験会② 「3つの準備」具体的なやり方

大がかりな準備をできるだけ省き、すぐスタートできるようにしましょう。
事前に準備するのは、3つです。

① アテンドする社員の選定
② 受け入れのための書類
③ 当日のカリキュラム

①人事部門の社員がいればその社員が、そうでなければ当日、応募者に仕事を教える現場の社員が良いでしょう。
②「インターンシップに関する契約書」、並びに「秘密保持誓約書」を事前に応募者に送り、署名又は記名押印して当日に持参いただきます。また本人確認ができる証

明書（運転免許証やマイナンバーカード等）を当日に提示いただきコピーをとらせてもらいます。

③入社したら実際に担当してもらう仕事の中で、当日応募者に割り振れるものを洗い出しておきます。

勘違いしてはいけないのは、仕事の完遂が目的ではなく、あくまで仕事体験・職場体験を通じて、**応募者自身がその仕事をやっていけそうか、会社側も応募者にその仕事の適性があるかどうか、双方で確認し合うのが目的です。過重なものを押し付けても意味がありません。**

たとえば経理なら、昨日分の仕訳を切らせて経理システムに入力させる、事務ならエクセルや業務システムにデータを入力させる、といった感じです。

なお、現場作業や営業といったように、まったくの新人に任せる仕事がない場合は、同行や現場見学がメインになります。

実際に仕事をしてもらわなくても、一緒に働く社員と同じ時間、空間を過ごすだけで、面接ではわからなかった応募者のリアルな姿が見えてきます。

年　月　日

〇〇株式会社
代表取締役　〇〇〇〇　殿

秘密保持に関する誓約書

私は、貴社の社員として　年　月　日より入社するにあたり、下記の事項を十分に理解し、厳守することを誓います。

記

1　貴社の就業規則並びに貴社営業秘密管理規程を遵守し、次に示される貴社の営業秘密について、貴社の許可なく、不正に開示又は不正に使用しないことを約束いたします。

（1）営業秘密その他会社が保有する有用で一般的に知られていない情報（研究開発中の製品、試作品等に関する情報、各種ノウハウ等）
（2）知的財産権に関する情報
（3）会社経営上の秘密情報（営業戦略、経営計画、提携企業に関する情報等）
（4）財務上の秘密情報（経営状況に関する情報、原価計算に関する情報等）
（5）顧客情報等の個人情報
（6）貴社の役員、従業員等（正社員のみならず、パート・アルバイト、契約社員及び派遣社員を含む。）、採用応募者等及び退職者の個人情報（個人番号を含む。）
（7）所属長・上司又は営業秘密等管理責任者により秘密情報として指定された情報
（8）前各号のほか、貴社が特に秘密保持対象として指定した情報

2　前条各号の営業秘密については、貴社を退社した後においても、不正に開示又は不正に使用しないことを約束いたします。

3　前各条項に違反して、第1条各号の営業秘密を不正に開示又は不正に使用した場合、法的な責任を負担するものであることを確認し、これにより貴社が被った一切の被害を賠償することを約束いたします。

以　上

住所：＿＿＿＿＿＿＿＿＿＿

氏名：＿＿＿＿＿＿＿＿　㊞

インターンシップに関する契約書

M&Nコンサルティング社会保険労務士事務所（以下甲という）とXX　XX（以下乙という）とは、次の通りインターンシップ契約を締結する。本契約を証して、本書を2通作成し、双方署名捺印の上、各自1通を保有する。

2023年12月4日

甲：さいたま市大宮区XXXXXXXXXXXXXXXXXX
M&Nコンサルティング社会保険労務士事務所
所長　中谷　充宏　　印

乙：
XX　XX　　印

目的	雇入れ候補者に所定の期間の実習を体験させることにより、甲乙双方にとって、今後一緒に勤務できるかどうかを見極めることを目的とする。
実習期間	2023年12月4日～12月15日
場所	大宮事務所
実習内容	各種手続き、データ入力、給与計算、書類作成、これらに付随する業務
実習日程・時間	日程：甲乙の話し合いによって決定 時間：原則9時～15時
報酬	謝金として、3,000円／日を支給する（交通費支給はなし）
就業規則等の遵守	乙は、甲の就業規則を遵守するとともに実習事項遂行に当たっては甲の監督、指導、助言等に従う。
機密保持義務	乙は実習期間中に甲で知り得た機密を、甲の承諾のない限り実習終了後も他には漏洩しない。乙が秘密漏洩を行うなど、インターンシップの継続を不可能にする事態が生じた時は、実習自体を強制終了する。
個人情報保護	甲は、乙が提出する個人情報を、インターンシップに関する目的以外に使用しないものとする。
その他	インターンシップ相談窓口 担当者職氏名 所長 中谷充宏　連絡先048-000-0000

3

体験会③

当日、応募者に恥をかかせないために

前ページの準備ができたら、体験会当日を迎えることになります。

たとえば始業が9時だとして、9時に来てもらうのか？　始業前に社内清掃&朝礼をしているので8時40分に来てもらうのか？　きちんと決めて、事前に案内してください。誰もいない時間に来させて待たせたり、「8時50分に来たら朝礼真っ只中」等だと、最初からバツが悪くなります。応募者の貴社への印象も悪くなります。

他に、次のポイントも、細かい点に見えるかもしれませんが、応募者は気になるところなので、きちんと取り決めて事前に伝えておくべきです。

- ・服装はスーツなのか？　カジュアルでも良いのか？
- ・マイ文具、マイ電卓を持ち込んでいいのか？
- ・体験会の最中、飲み物を持参して飲んで良いのか？

・休憩中なら自分のスマホを操作して良いのか？

いきなり仕事を体験してもらうのではなく、まずは簡易でもオリエンテーションをしておきましょう。20〜30分程度で大丈夫です。

・今日1日のスケジュールを案内
・提出書類の受け取り
・トイレや会議室等の社内設備の案内
・面接で伝えられなかった話（たとえば自社の歴史とか今後の方向性に加えて、今回の募集背景や応募者に期待することなどをお伝えしても良いでしょう）

ポイントは**適宜、「何か質問はありますか？」、「ここまで大丈夫ですか？」と声をかける**こと。「これくらいわかるだろう」と、こちらのペースでどんどん進めてしまって置いてけぼりにしてしまうのは、よろしくありません。
「大丈夫です」となったら、体験すべき仕事を始めてもらいます。

注意事項

インターンシップ参加につきまして、注意事項、案内事項は下記になります。

・当たり前ですが、業務時間中のスマホ使用は禁止です。

・休憩は1時間、しっかりとって、リフレッシュに努めてください。

・服装は周りに不快感を与えないものであれば、原則自由です。

・業務時間中に飲み物を机に置いて飲むのも自由ですが、食べ物はNGです。

・社内で知り得た情報は外部、内部を問わず、絶対に漏らさないでください。

・過度の私語や噂話は、厳に慎んでください。

・初日のお昼ご飯は弊社で用意します。

・入室時には靴を脱いでスリッパに履き替えていただきますが、衛生上等で社内備え付けのスリッパが気になる場合は、ご自身でスリッパをご用意ください。

・当日は、印鑑（認印で可）並びに、身分証明書（運転免許証、マイナンバーカード等）をお持ちください。

4 体験会④ 開催の注意点

注意すべき点ですが、まずは体験会自体を複雑にしないことです。

たとえば応募者が来るからといって、普段はあまりできていないのに「あいさつを徹底しよう！」としても、急には無理でしょう。そうしたハリボテは、すぐ見抜かれます。

体験会はマッチングを見る工程ですから、**双方ともありのままで臨むのが一番**です。

また、アテンドした社員に、評価シートやレポートを書かせるといったのも×。これでは、現場の社員に負担がかかり過ぎ「もうやりたくない」となってしまいます。中小零細企業なら、負担のない、**口頭での聴き取りで充分**です。

なお、長時間の拘束は応募者にも負担がかかるため、丸1日ではなく**半日程度の参加でもOK**です。要は、応募者の適性・能力を把握できれば良いのですから。

無償か有償か？

「体験会は何日くらいが適正・適切なのか？」という問い合わせも良く受けます。ここは中小零細企業なので、柔軟な対応でいきましょう。

いわゆるワンデーで双方ＯＫとなる場合もあるし、お互いもう少し見たいケースもあるでしょう。**2週間程度を目途**（あまり長いと応募者に「採用する気がない」と見限られてしまうため）に、応募者と自社の双方で話し合って決めてください。

なお、体験会で実際に仕事を体験してもらうとはいえ、雇用ではないため無償でも問題ないのですが、応募者は交通費も負担していますから、**謝金として実費レベル（3千円〜1万円程度）は支給すべき**と考えます。

5

体験会⑤

超重要！「ランチ」5つの裏ワザ

当日のランチは自社持ちで、アテンド社員と一緒に行かせてください。リラックスした応募者の本音を聞きやすくなります。

逆に、「誘われるのかな」と気にしているのに誘われず、一人でそーっと抜け出しどこかで食べていると、

「あぁ疲れた。歓迎されてないのかな。来るんじゃなかった」

という心境になりやすいです。

実は、ランチは非常に重要な役割を担っています。

初日の午前中の仕事ぶりを見るだけでは、応募者の本性なんてわかりません。

もちろん、業務遂行能力も大事ですが、たとえば

「仕事はできるが協調性が乏しい」

「自己開示をしないので、何を考えているかわからない」という人は、貴社で働く適性があると言えるでしょうか？

こうした応募者の**本当の姿をつかみやすいのが「ランチ」**なのです。

「ランチ」で人となりを見極める

以下、注意点を5つ挙げます。

①本人に選ばせる

会社側では事前に予約せず、（事前でも当日でも）予算（たとえば1人1，500円以内。会社負担）を本人に伝えた上で、何が食べたいのか、どこに行きたいのかを選択させてください。

これで周りに気を遣うタイプか、はたまた自己主張するタイプか、といった人柄が見えてきます。

②メンバーは最大4名

一緒にランチに行くメンバー数ですが、多いと萎縮するし、応募者そっちのけで社員同士で盛り上がってしまうこともあります。

同席社員は最大3名、候補者1名の最大4名で、候補者が話しやすい雰囲気づくりに努めてください。

③休憩時間を多少超えてもOK

双方の適合度合いを見る体験会ですので、ランチを休憩時間内に収める必要はありません。

話が盛り上がって戻りが遅くなるのは、本性を知る上で「あり」です。

④ランチで話した内容の取扱い

「気を許して率直に話したけど、全部会社に筒抜け？　話さなきゃよかった」となると不信感を抱くでしょう。

「ここでの話を会社に伝えても良いか？」と同席した社員が確認し、「あの話は言わないでほしい」という申し出があれば、そこは一切言わないようにします。

⑤最後の「お礼」の有無

筆者の経験上、ランチをご馳走になっても、お礼を言わない人がけっこういます。「会社が用意すると言ったんだから当然。お礼なんて必要ない」と考えているのかはわかりませんが、このあたりも、自社に合うかの有効な判断材料になります。

6 体験会⑥ 体験会が終わったら、何をすべきか？

カリキュラムが無事に終わったら、応募者と振り返りをします。所要時間は**15分程度**で大丈夫です。

まず、今日の率直な感想を聞いてみましょう。

「今日、初めて操作したので、慣れるまでは難しかった」

「前職ではすべて手作業だったけど、御社は機械化されていてやりやすかった」

等、いろいろ出てくることでしょう。

温まったところで、体験会の最大の目的である「当社でやっていけそうか？」を聞きます。

「実際にやってみたけれども、予想していたより難しくて、申し訳ございません。私は辞退します」なら、新しい候補者を探します。

「やっていけそうです」でも、自社から見るとまだ心もとないなら、「もう少し体験会を経てから、決めさせてください」と提案し、次のスケジュールを調整・決定します。

そして謝金を支給するなら、その清算をして終了です。

誰を採用するか、どう決める?

中小零細企業なら、採否の最終権限は社長が持っていることが多いでしょう。

よくあるのが、社長とは話が合うが、現場の社員達と嚙み合わないケース。このケースでは、社長が高評価を下して採用を決めても、現場になじめず早期退職となることが多いです。

したがって、社長、(人事部門があれば)人事担当社員、配属予定先で一緒に仕事をする社員(上司)で採用会議を開き、合議制で決めるのが良いでしょう。

体験会では、社長が付きっ切りで応募者を見るわけにはいきません。

採否決定の際には、アテンド社員や配属予定先で一緒に仕事をする社員の意見を最大限尊重してください。

２０XX年　　　月　　　日

領　収　書

株式会社XXXXXXX　御中

金3,000円

但し、謝金として

上記、確かに受領いたしました。

氏名：

7 メリットとデメリット

有期雇用契約の活用法①

体験会を通じて、職場で一緒に仕事をしてみて、「お互いにやっていけそう！」となったら、内定、採用となります。

この時点で雇用契約を結ぶわけですが、**最初は契約期間を定めた有期**とすることを筆者はお勧めしています。

その主たる理由は、本当に仕事ができるかどうかは、体験会をやったからといってもまだわからないからで、再度それを見極めるためです。

繰り返しになりますが、少数精鋭の中小零細企業にとって、戦力にならない社員が入ってきたら、本当に大変です。期待したほどではないというレベルならまだしも、**入社後にモンスター化**してしまって、社長や関わる社員がメンタル不調に陥ってしまったシーンを、筆者は何度も目にしてきました。

それなので、**ヤバい人は絶対に中に入れない**ようにするしかありません。

解雇はむずかしい

メリットはズバリ、**契約期間が満了になれば、その社員の雇用を終了させることができる**点です。たとえば、面接や体験会では「この仕事はできる」と言っていたのに、実際は「できる」どころか、そうした知識すらない人もいます。こうした人であっても、日本では解雇がなかなか難しいのですが、契約期間でいったん区切りをつけることができます。

ただ、後述しますが、その辺りの定めはきちんとしておかないと、有期の定め自体が無効になってしまう可能性もありますので、要注意です。

また「キャリアアップ助成金　正社員化コース」（有期雇用労働者を正社員化した場合、80万円／人）という助成金を受給するチャンスも得られます。

一方デメリットとしては、長期的で安定的な雇用を要望している応募者と想いがマッチせず、内定を出しても他社に逃げられてしまうリスクがある点です。

このデメリットを克服する方法がありますが、これは後述します。

有期雇用契約の活用法②

8 「雇用契約書」で法的リスクに備える

最大の法的リスクは、有期ではなく（期間の定めがない）**無期と見なされること**です。そうなると、問題社員であることが発覚しても、簡単には辞めさせられません。そのために**雇用契約書（労働条件通知書）に「必要事項」を盛り込んでおくのはもちろんのこと、さらにその内容を社員にきちんと説明しておく**ことです。

なお、2024年4月から労働条件明示のルールが変わっていますが、たとえば「無期転換ルールに基づく無期転換申込権が発生する契約の更新時」には、「無期転換申込機会&無期転換後の労働条件」を明示してください、とあります。

何のことやらさっぱり？　でしょうが、これは有期労働契約が通算5年を超える時の話で、筆者が推奨しているやり方は、ここまで有期契約を引っ張るのではなく、半年から1年の期間ですので、対象外です。

雛形には既に必要項目がセットされている

雇用契約書（労働条件通知書）の雛形は、厚生労働省等のＨＰから簡単に入手できますので、それを活用するやり方でかまいません。この雛形を元にしますが、「必要事項」というのは、次の3点になります（6章末参照）。

まずは「契約期間の定めあり」として、その期間を具体的にしておくことです。

次に「契約の更新の有無」について、次から選択します。

「自動的に更新する・更新する場合があり得る・契約の更新はしない・その他（　）」

ここで自動更新を選び、社員にもその旨を伝えていたりすると、無期と見なされる可能性があるので要注意。ここは**「・更新する場合があり得る」**になります。

最後に、「契約の更新は次により判断する。・契約期間満了時の業務量・勤務成績、態度・能力・会社の経営状況・従事している業務の進捗状況・その他（　）」については、本人の適性・実力を見るのですから、**「・勤務成績、態度・能力」**を選ぶことになります。

9

有期雇用契約の活用法③

期間は何か月が良いか

前ページで**半年から1年**の契約期間を筆者は推奨している旨、お伝えしました。もう少し具体的に言うと、3か月以内（1か月、2か月、3か月のいずれかで、面接、体験会の評価などをふまえて決定）の有期契約をまず交わします。この最初の期間に高評価であれば、再度の有期契約を交わします。**この2回を通算して6か月以上だと、既述の助成金も狙える**ようになります。それなので、半年から1年の期間が妥当でしょう。

応募者は、最初は有期でも仕方がないと思ってくれるでしょうが、ずっと不安定な雇用が予定されていたら不安でしょう。

また、自社に合う人材とわかったのに、いたずらに有期契約を繰り返したら、他社に行かれてしまう危険性も出てきます。評価が固まったら早めに無期に切り替えるべきです。良い人材を逃がさないためにも、**最初の有期契約の際に、無期への転換の道筋を示しておきます（5章末「無期正職員登用の流れ」参照）。**

試用期間との違いを説明しておく

有期契約を結ぶ際には、応募者にも配慮している旨を伝えておきます。

「同じ3か月でも無期の試用期間と、今回の有期契約とは、もしその期間が終わって、この先はお互いに一緒に仕事をしないとなったら、その事由が全然違います。

試用期間が終了しても正社員登用しないとなると、解雇扱いになってしまいます。一方、有期だと契約満了による退職となります。

前者だと、あなたにとっては次が決まりにくいというデメリットもありますので、後者でお願いしています」

という感じです。

応募者もそうした事実が残るのは好ましくないでしょうし、こちらの主旨をきちんと理解してもらって、**双方納得の上で、契約しましょう。**

10 有期雇用契約の活用法④

雇用契約締結時に確認、念押ししておくべきこと

有期雇用契約時の注意すべきポイントは既述しましたが、大事なことなので、再度ご説明します。

今回の契約期間が満了となっても、次に契約するかは、応募者の「・勤務成績、態度・能力」を見て判断する。一方で応募者も「ここでは働かない」との選択もできる。

要は、次はまだ何も保証していないしできない、この期間はお互いをよく見て次を決めましょう、ということです。

それから、たとえば貴社が顧客のセンシティブ情報を取り扱っているなら、**秘密保持誓約書（5章2参照）や身元保証書（6章末参照）**なども必要に応じて交わしておきます。

こういった書類は、**退職時にはなかなかもらえないので、入社時が最大のチャンス**です。こうした大事な書類を期限内に提出するかどうかで、その人の適性が見えて

くることもあります。

「読み合わせ」はマスト

雇用契約書（労働条件通知書）等の書類も、渡して終わりではなく、ぜひ一緒に読み合わせをしてください。特に既述の**有期契約関連の条項は大事です。**こうしておくとお互いに納得感も熟成されますし、「そんなの聞いていない」といった、後々のトラブルも予防できます。

なお、法的には「雇用契約書」の作成義務はなく、「労働条件通知書」の交付義務のみなのですが、ここもトラブル防止の観点から、両方をつくっておきます。とはいえ、2種類を別々に用意するのは面倒です。そこで、2つをまとめて「労働条件通知書兼雇用契約書」として交付すれば足ります。

これもググれば簡単に雛型が入手できますので、それらを自社なりに活用してください。

11 有期雇用契約の活用法⑤

契約期間の働かせ方は？

体験会参加時は、いわば「お客様扱い」で良いのですが、雇用契約を締結したとなると、契約期間が短期間であっても、自社の一員として頑張ってもらう必要があります。

配属先や担当する仕事は、求人時点で決めていた内容と同じで、すでに体験会で経験しているはずなので、その延長線で進めてください。

なお、もし体験会での働きぶりを見て、「他の仕事の方が向いているので、そっちでお願いしたい」という場合は、雇用契約時にきちんと話して、事前に承諾を得ておきましょう。

ここは有期といえども、今、一時的に忙しいから短期で終わり、というものではなく、長期定着を視野に入れたいわば「お試しの雇用」ですので、特別扱いもなく、既存社員と同じ通常の勤務で問題ありません。

成果基準を明確にしておく

ただし、試用期間と同期間（最初はそれよりも短い場合も）の有期契約（1〜3か月）ですから、たとえ十二分な経験を保有する人でも、慣れない環境下で高い成果を求められるのは酷と言えます。

新卒や第二新卒のような経験の乏しい若手なら、よけいにそうです。

ですので、本人の経験やスキルを勘案した上で、今回の期間で期待する成果、たとえば「マニュアルを見ながらでかまわないから、一人で完遂できること」といった基準をきちんと伝えておきましょう（この期間でこれくらいはできる、という基準策定は、現場の社員にヒアリングすれば、すぐできます）。

でないと、**契約更新の基準が曖昧なままでは、採用された社員も不安ですし、契約更新時にもめる可能性も出てきます。**

12 有期雇用契約の活用法⑥

当初の期待を上回る／下回る場合の対応ポイント

実際に勤務がスタートしたら、体験会以上にその人の適性や実力がはっきり見えてくるでしょう。体験会ではイマイチだったけど、当初の期待を大きく上回る人材だ、もしくはその逆、ということが起こり得ます。

前者の場合は、中小零細企業ゆえに杓子定規にせずに、契約期間を短縮する、可及的速やかに無期に切り替える、という柔軟な対応も「あり」です。もちろん、会社側で一方的に進めるのではなく、本人としっかり話し合って、合意を目指してください。

次に、期待外れだった場合は、会社の期待するレベルとのズレをきちんとフィードバックして、残りの期間にその課題に取り組んでもらいます。そしてそのレベルに達しなかったら、次の契約は「なし」となります。

きめ細やかなフィードバックは非常に大事

なお、このフィードバックの頻度ですが、人事部門や社長を巻き込んだ、オフィシャルなものであっても、**最低限1週間に1回**はやるようにしてください。

一方で、現場で一緒に仕事をする同僚や上司がカジュアルにやる、たとえば終業前に5〜10分程度、今日一日の振り返りをする「業務日報レベル」なら、日次です。

「当社の常識は他社の非常識」と揶揄される会社はどこにでもあるように、慣れた既存社員の仕事のやり方は、新人にとっては戸惑いがあるかもしれません。

そういった点も含め、ふだんから密なコミュニケーションを取ることで、本人も大事にされている、期待されている、と入社意欲が高まってくるものです。

中小零細企業ゆえに社内リソースがないため、こういったきめ細かな対応をせずに、「教えてもらおうとするな、先輩を見て覚えろ！」「人材は自発的に学び育つもの」といった古い価値観や慣習を放置していると、うまくいきません。これを機に改めてください。

無期正職員登用の流れ

① インターンシップ（職場体験）への参加

まず数日程度のインターンシップに参加いただきます。

※出勤日、出勤時間は調整の上、決定

※謝金として一定額を支給

インターンシップ（職場体験）の結果を踏まえて、今後一緒にやっていけるのかどうかを双方の話し合いの上で決めます。

② 有期契約職員としての勤務

双方の想いが一致したら、インターン後に、有期契約職員として勤務していただきます。

※出勤日、出勤時間は調整の上、決定

※契約期間は3か月～半年間

※有期契約を複数回、更新する場合あり（3か月を1回更新し、6か月超勤務となった時点で、正職員登用の実績あり）

※条件を満たす場合、雇用保険・社会保険に加入していただきます。

③ 無期正職員への登用

契約期間満了の1か月前に、無期正職員への登用を判断し、面接選考を行います。

無事、選考を通過した場合、契約期間満了後に、無期正職員として勤務していただきます。

選考を通過できずに、もうしばらく様子を見る必要がある場合は、再度、有期契約職員として勤務していただきます。

※条件を満たす場合、雇用保険・社会保険に加入していただきます。

※有期契約社員になった日から起算して1年以上を経過したら、退職金制度（中退共）等に加入していただく予定です。

※賞与については、評価期間（夏期：1月～6月、冬期：7月～12月）にフル勤務し、かつ賞与支給日に在籍していることが条件になります（決算賞与は本評価に関係なく利益分配として3月末に支給することがあります）。

第6章

たった一人でも職場を破壊！「ヤバい人」をブロックする4つの盾《シールド》

1 日本では簡単に解雇はできない

使用者からの申し出による一方的な労働契約の終了を「解雇」といいます。ただ、解雇は使用者がいつでも自由に行えるものではなく、解雇が客観的に合理的な理由を欠き、社会通念上相当と認められない場合は、労働者を辞めさせることはできません。**解雇するには、社会の常識に照らして納得できる理由が必要です。**

たとえば、解雇の理由として、勤務態度に問題がある、業務命令や職務規律に違反するなど労働者側に落ち度がある場合が考えられますが、1回の失敗ですぐに解雇が認められるということはなく、労働者の落ち度の程度や行為の内容、それによって会社が被った損害の重大性、労働者が悪意や故意でやったのか、やむを得ない事情があるかなど、さまざまな事情が考慮されて、解雇が正当かどうか、最終的には裁判所において判断されます（厚生労働省のＨＰより抜粋 https://www.mhlw.go.jp/seisakunitsuite/bunya/koyou_roudou/roudouseisaku/chushoukigyou/keiyakushuryo_rule.html）。

解雇無効判決となると大打撃

つまり**解雇無効を争った場合は、最終的に裁判で決まる**ということです。

中小零細企業の社長の勘違い「あるある」ですが、**「30日前に予告するか、解雇予告手当を支払ったら解雇できるって、労基法にも書いてあるじゃないか？」ではないのです。**

解雇無効について、ここでは詳らかに解説しませんが、貴社が考える社員の重大な非行であっても、簡単には解雇できないと思っておいてください。

たとえば社員が解雇無効を争って、**2年かかって無効判決が出た場合、その間の給与も補償しろ、となるケースが多い**です。

「働いていないのに、給与を補償するって、裁判費用も大変な負担だったのに……」、中小零細企業ならインパクトが大きいです。

だからこそ、「ヤバい社員」は入り口でブロックする必要があるのです。

2 「新・ヤバい社員」チェックリスト

一概には決めつけられませんが、ヤバい社員には次のような傾向が見られます。

□あいさつがきちんとできない
□仕事に対して、やる気が見られない
□簡単な仕事であっても、完成するまで非常に時間がかかる
□指示に対して取り組む姿勢は見せるが、完遂できない
□何かと要求してくるが、やるべきことはやっていない
□極論ばかりで話してくる
□あいまいさを許容できない
□譲歩しない（できない）
□自分のミスや間違いを絶対に認めない

□他人や環境に責任転嫁する。他責傾向が強い
□異様なほどに固執することがある
□自分のことを開示しない。周りと協調できない
□相手の気持ちを理解できない
□自分勝手でわがままである
□主体性がなく、常に受け身である
□ネガティブ思考が強い
□ネット上の噂に精通している
□スマホ依存症の傾向がある

10個以上該当するとなると、モンスター社員化の危険人物と認定せざるをえません。

3 疾病や障害があっても、戦力になり得る

既述ですが、仮に持病や障害があることをカミングアウトしてもらったとして、「そうしたネガティブ要因があるなら、一律不採用だ」は、早計すぎます。

こうしたハンディキャップがあったとしても、自社で勤務する場合は特に問題にならない、もしくは一定の配慮さえすれば**即戦力として活躍できるというケースも多い**のです。

たとえば、心身共に虚弱で満員電車での通勤が困難という事務系社員なら、時差出勤やリモートワークを認めれば、充分に働けるでしょう。

民間企業における障害者法定雇用率は令和6年度からは2・5%、つまり**40人以上の社員を雇用していたら、障害者を1人以上雇用しなければなりません。**

そして今は官民共に自社に合った障害者を紹介してくれるサービスも充実しています。ハンディキャップがある人がバリバリの戦力として働いている顧問先を、筆

者はたくさん見てきています。

医師や紹介元、本人からの「配慮すべき事項」を聞いておく

たとえばメンタル不調の社員が出てきたとして、「頑張れ！」と励ますのは良くないという話を聞いたことがあるでしょう。今は症状別による社員の対処法もネット上にあふれかえっていて、簡単に入手できます。

既述ですが、配慮してもらいたいことを面接で聞くのは、そうしたハンディキャップがあったとしても、各社員の配慮や職場、仕事の進め方の工夫等で、戦力になり得るからです。

また障害者なら、紹介元から事前に「こういった配慮をしてあげてください」と案内もありますし、さらには働き方について医師からの診断書を提出いただいたり、ご自身からも配慮要望があるでしょう。

こうした配慮すべき事案を総合的に勘案して、自社で受け入れの可否を判断してください。

4 採用工程を増やす①

適性検査「スカウター」をフル活用

「適性検査って、やらないよりはやった方が良いように思うけど、費用も高そうだし、やり方もわからない」という社長も多いのではないでしょうか？

そこでお勧めなのが、零細の弊所でも使っている、不適性検査の「スカウター」というサービスです（https://scouter.transition.jp/）。

中小企業を対象とした適性検査で、

能力検査：無料 ※能力検査（学力検査）だけの利用も可能
資質検査：1名あたり864円
精神分析：1名あたり540円
定着検査：1名あたり540円

と、低額です。

24時間365日、いつでも管理画面上から手配可能で便利です。

ライスケール（虚偽回答の傾向）は要チェック！

無料で試せるので実際にやってみれば良さがわかると思います。たとえば弊所で最も利用している「精神分析」だと次の６つを測れます。なおこの適性検査で本人のすべてがわかるわけではなく、あくまで参考程度にとどめておく必要があります。

①精神状態の傾向：問題行動やトラブルに発展するリスクのある精神状態の傾向とその度合い
②ストレス要因：働く上で、精神的に強く負担となるストレス要因
③負因性質：トラブルや問題行動の原因となりやすい性質
④ストレス度：現在ストレスを受けている度合い
⑤総合評価：問題行動やトラブル等の総合リスク度
⑥虚偽回答の傾向：虚偽と予測される回答の度合い

筆者がシビアにチェックしている項目は⑥。**「嘘つき」はここに如実に表れます。ここの尺度が高い人は採用を避けるべきでしょう。**

5

採用工程を増やす②

応募書類＆面接で選別する

「人手不足の上に、中小零細企業だと、思うような人材なんて来てくれない。多少ハードルを下げてでも採用しないと」という気持ちは、よくわかります。

とはいえ、過去に何度も痛い目に遭っているなら、同じ失敗の繰り返しになり、全然進歩しません。

ここは中小零細企業といえども、**「自社なりの採用基準を設け、満たさない人は落とす」で良いでしょう。**

たとえば、わかりやすいのが「転職回数の多い人」。最近、短期で何回も勤務先が変わっている人は特に要注意です。もちろん、それだけで即ＮＧにはしないとしても、理由を聞いてハラオチしないなら、やはり見送るべきでしょう。

「理由はともあれ、早急に欠員補充しなければならなかったので、採用したけど、やっぱり当社も短期で辞めた」といった過去の苦い経験（実のところ弊所もあります）があれば、その人の転職回数を下回ることを採用基準とすべきでしょう。

「退職理由」がハラオチするか？

転職回数の多さに加えてチェックすべきなのが、前職（現職）の退職理由です。これも**「ハラオチするか」**が最大のポイントです。

前職の誹謗中傷に走るのは論外として、たとえば「長時間労働がきつかったから」との理由でも、それが月30時間程度の残業なら、当社でも十分起こりうる。「仕事と処遇（給与）が見合わないから」も、当社でも十分起こりうる、となると、入社しても同じ事象になりますので、見送りが妥当でしょう。

「パワハラがあったから」も、事実かは実際のところわからないのと、適法な厳しめの指導をパワハラと主張する人も多くなってきているので要注意です。

こうした際は詳細を深掘りし、本当にパワハラなのか、被害妄想か、当社でも起こりうることかを見極めましょう。

6 面接の質問を工夫する①

「なぜ前職を辞めた（現職を辞める）のですか？」

前項で触れましたが、これは「ヤバい人」を見極めるキラー質問なので、ここで再度、詳細を説明します。

「本当の退職理由」を尋ねるアンケートによると、職場の人間関係が悪い、給与が安い、会社の将来性が不安、仕事内容が合わない、残業・休日出勤が多い等が代表例となっています。

たとえば「職場の人間関係が悪い」は本音としては理解できますし、実際、統計上でも上位にランキングされています。

とはいえ、それだけではハラオチしないでしょう。

退職を決断するということは、どれだけ悪かったのか？　それを単なる悪口ではなく、具体的かつ丁寧に話して、「さすがにそういった状況なら、私も辞めるな」と企業側（面接官）が納得するくらいの説明力が求められます。

そして「その退職理由なら、当社に入っても同じことにならないか？」をチェックする必要があります。

退職理由を深掘りする

そこで退職理由を一通り聞いた後に、「当社でも同じような状態は起こりうる」と前置きした上で、

「それなら、当社も同じように辞めてしまうのではありませんか？」

と、深掘りしてみましょう。

回答に窮してしまうのか？　それとも「いや、そうはならない。なぜなら〜」と納得のいく回答を展開できるのかで、当人の本当の姿が見えてきます。

特にこうした追及の場合は、回答内容以外にも、不満げだったり、逆に感情をおくびにも出さないで飄々としているといった、表情や仕草にも表れてきます。

そうしたサインも逃さず、言葉と行動が一致しているかという視点からも、当人をよく観察してください。

面接の質問を工夫する②

7 「持病、既往症、常時服用している薬は？」

4章で既述しましたが、これらは「絶対に聞いてはいけないこと」ではありません。

とはいえ、**就職差別につながりかねないセンシティブ情報ですので、自社で継続勤務できるかを判断するための目的であること、また会社は「勤務する従業員が安全に働けるように配慮しなければならない」安全配慮義務がある旨を説明した上で、必ず事前に同意をとってから、回答してもらいましょう。**

就職差別につながりかねないセンシティブ情報だけに、事前に絶対に同意をとることを、忘れないでください。

たとえば、筆者は潰瘍性大腸炎という難病指定の持病を持っていますが、今は寛解状態で仕事にはまったく影響がありません。年に1回程度、丸1日かかりますが内視鏡検査を受診するだけです。

またこれと似た難病指定のクローン病の持病を抱えていて、障害者手帳を持つ知り合いもいますが、2か月に1度、検診し症状を抑える薬を処方してもらうという状態が続いています。

この程度ならば、貴社でも受け入れ可能ではないでしょうか？

後から告白された場合、虚偽申告で最悪の事態も

事前に質問したにも関わらず、「そういったものはありません」と隠し通して、入社後、仕事中の居眠りが多くて問いただしたら、「実は薬の影響で……」と告白されたら、虚偽申告に基づく解雇措置をとらなければならないことも出てきます。

そうなると、双方にとって有益ではありませんから、やはり主旨をきちんと説明して、回答してもらうように努める、これしかありません。

そして、その回答ならば会社で特段の配慮しなくても勤務は大丈夫、もしくは一定の配慮をすれば大丈夫というレベルならば、不採用要因ではないでしょう。

面接の質問を工夫する③

8 「自動車や自転車の事故歴、違反歴はありますか？」

事故歴、違反歴があるからといって、ただちに「当社では使えない、ヤバい人」と認定するわけにはいきません。

ただ、コンプライアンス遵守が叫ばれる今、こうした歴が多い人はそういった傾向がある、と見て良いでしょう。

特に仕事で運転をする仕事、たとえばドライバー職や郊外の外回りの営業職などの場合は注視すべきですし、それ以外でも通勤で自動車、もしくは自転車を使う人も多いでしょうから、会社側としては聞いておきたい質問でしょう。

特に社有車で事故を起こしたりすると、その事後処理だけで社内に大変な労力がかかります。解決まで長引けば、その分の負担も大きくなります。事前にチェックしておきましょう。

違反を軽く見る向きの人は、不採用も

ここも前項と同じで、**質問の意図や主旨を事前に伝えておいた方が円滑に進むでしょう。**つまり「仕事上で運転するシーンがあるから」とか「毎日の通勤で使うでしょうから」の後に、「念のため事前に確認させてください」といった感じです。

もちろん、虚偽申告は絶対にＮＧで、ここも入社後に発覚したら解雇を検討しなければならないシーンも出てくるでしょう。

虚偽申告はないという前提で、そもそもそうした歴がない、あるいは乏しいなら、不採用要因にはならないでしょう。

一方で、「あるけど、スピード違反（駐車禁止違反）くらい、誰もやるでしょ？」とか「私はペーパードライバーじゃなく、頻繁にクルマに乗るので、そりゃそれなりの数の切符も切られてますよ」といった舐《な》めた態度だったり、歯切れが悪かったり、隠す様子があれば、不採用を前向きに検討して良いと考えます。

9 面接の質問を工夫する④

「これまでに問題行動を起こしたことはありますか?」

このように直球で聞いて、「はい、あります!」と回答する人は、そういないと思います。仮にいたとしても、そこで即不採用とするのではなく、どういった問題行動なのか、ぜひ深掘りしてください。たとえば「顧客から執拗なクレームが続き、その中で私の人権に関わる誹謗中傷を受けたので、さすがに言い返したら、社内で問題視された」といったように、やむを得ない事情だったかもしれません。

直球だと真実を引き出せないのであれば、聞き方を変えましょう。たとえば、

「良かれとした行動で、周りに迷惑をかけた経験はありますか?」(A)

「あなたのミスにより、周りにどのような影響を及ぼしましたか?」(B)

といった感じです。

直球質問よりも聞き方は丁寧で柔らかいので回答しやすいですが、聞きたい本質

の部分は同じです。ここは**「周りにどれだけ迷惑、悪影響を及ぼしたか」**により、問題行動ぶりがあぶり出されていくということになります。

「A」で「後輩のためを思って厳しく指導したのに、パワハラ扱いされた」との回答があったら、ここも深掘りしていきます。「休みの日にも気づいたことはこまめに後輩に連絡して指導していた」なら、やはり問題行動でしょう。

「B」で「軽微なミスなのに、私を好ましく思っていない取引先が事を大きくして、上司と共に責任を取らされ、再発防止策作成について職場全体を巻き込む羽目になった」と回答があったとしましょう。

深掘りすると、**大口顧客を失いかねない大きなミスだったのに、「軽微なのに」、「私は取引先に良く思われていない」といった極小化や他責傾向が見えてきたら、これもやはり問題行動と言えます。**

こうした深掘りによって、因果関係や悪影響の度合いなどを総合的に勘案して、不採用要因とするかを見極めましょう。

10 「前職での人間関係で、不平・不満に思ったことはありませんか？」

面接の質問を工夫する⑤

貴社入社後に、こうした不平・不満が溜まりに溜まって爆発する、もしくは独り耐え忍ぶとなると、問題行動に発展する危険性があります。

とはいえ、ここも直球ですから、「いいえ、特にありません。皆と仲良くやっていました」と模範回答をされるのがオチでしょう。

この手の質問は、本音や真実を聞き出して、その情報を元に自社に合うかどうかを判断するのが目的です。

したがって、**話しやすいようにリードする**のが効果的です。たとえば、**「職場に必ずムカつく人、いますよね？　実は私も前職でこういった人がいて……」**と、前置きした上で、この質問をするのです。「確かに、いたな」と共感しますから、模範回答ではなく本音を話してくれる可能性が高くなります。

不平・不満度を測って、自社との適合度合いを見る

　ここまでリードしても、「いえ、思ったことはないです」と答えるなら、**「ほんの少しも、ですか？」**と追及してみましょう。それでも「ない」の一点張りなら、さすがに疑わしいと見るべきでしょう。

　一方、たとえば、

「上司が細かい人で、結果はしっかり出していたのに、いちいち報告を求められまして。報告が仕事ではないはずで、その点、上司には不満でした」

と、回答したとしましょう。ここも深掘りして、本人の成績が大して良くなかったなら、上司は本人のためにマイクロマネジメントを始めたのかもしれません。そうした**「盛り」「他責」が目立つようなら、不採用要因**となるでしょう。

　また「若手だからと、先輩達からこうした雑務をやらされた」といった不満に対しては、雑務が常識の範囲内なら、「その程度で不平・不満に感じるのか？　それだと当社でも起こり得るな」となり、これも不採用要因につながっていくでしょう。

11 「周りから、どういう人と思われることが多かったですか？」

面接の質問を工夫する⑥

回答はあくまで自己申告ですので、良いようにも悪いようにも言えますが、「自己中心的で、異端児と言われていました」とマイナス面を回答する人は皆無でしょう。明朗活発でハキハキしている、周りに気遣いができる、何事にも熱心に取り組むなどと、プラス面を一通り語ってもらった後に、

「なぜ、そう思われたと分析しますか？」

と、深掘りしてください。

そのプラス面と、分析内容やこちらの見立てが乖離《かいり》していると、回答自体が怪しくなります。たとえば「明朗活発でハキハキしている」と回答した応募者が、面接会場で受付した社員に対して挨拶すらしっかりできないようなら、違和感が生まれるでしょう。「違和感＝即不採用」ではありませんが、他の回答を含め、こうした

違和感が積み重なってきたら、不採用要因となっていきます。

「マイナス面」に本性が表れる

プラス面を語ってもらった後、

「それって良い面ですよね。逆に、悪い面で思われていたことってありますか？」

と、聞いてみてください。この回答にこそ、その人の本性が表われるものです。

代表的なのは以下です。

①「思い浮かびません」と、回答を放棄する

②「マイペース過ぎと言われますが、周りに流されないという強みでもあります！」といった、就活テクに溺れているケース

③評価を恐れず、マイナス面も赤裸々に語るケース

①②は違和感につながりますし、深掘りしてもそれ以上の情報は得にくいでしょう。③は内容を見て自社との適合度合いを測りますが、ここもプラス面と同様、「なぜそう思われるのか？」についての分析を聞いた上で、最終判断してください。

12

面接の質問を工夫する⑦

「何か質問はありますか？　どんなことでも結構です」

こちらから一通り質問したら、逆質問を受ける流れになります。ここは、**「何を聞いてもらっても大丈夫ですよ」**と、応募者の質問するハードルを下げてください。

実際に何を聞いてもらっても良いのですが、これから担当する仕事の詳細やその進め方、職場のメンバー構成、日常業務のルーティンなどを一切聞かずに、

「休みの申請は何日前までですか？」

「夏休みや年末年始休暇は、何日あるのですか？」

「○○手当は、私にも付きますか？」

といった**福利厚生や処遇ばかり聞いてくる人は要注意です。**

説明会や面接でいくら説明しても、仕事のすべては理解できないし、日常業務のルーティンとして、細かい話ですが、たとえば「貴社の社員は始業時間のどれくら

い前から出勤しているのか？　新人もそれで良いのか？」といったことも気になるはずです。

もちろん、福利厚生や処遇の質問すべてがNGというわけではありません。

完全歩合制の営業職の募集なら、「何をどれだけ売ったら、どれだけ給与に反映されるのか？」といったことは、プロの営業として当然質問するでしょう。しかし、これも給与のことだけを聞いているのではなく、先に仕事の詳細（何を、どれだけ）を聞いた上での話になっていることをお忘れなく。

給与や休みは、就職先を決めるのに重要な要素であるのは間違いないし、事前にきちんと確認したい心理もよくわかります。

一方で、会社にぶら下がっていられさえすれば、こうしたものが手に入るという甘い考えの人が一定数存在するのも事実です。

処遇や福利厚生についてのやりとりが終わったら、

「担当する仕事や働き方とかについて質問はないですか？　大丈夫ですか？」

と、念押ししてください。筆者の経験では、**ぶら下がり系の人は「大丈夫です」と回答するケースが多いです。**

13 面接の質問を工夫する⑧
「この面接での虚偽の発言は懲戒の対象になりますが、よろしいですね？」

受かろうと必死で、面接でつい大きく見せたり嘘をついてしまうのは、実際に良くある話です。たとえば、面接で「御社への志望度は高いです！」と言っていた人が、入社後に「実は、それほどでもなかったんです」とカミングアウトしたとしても、まぁ一般的には許容範囲でしょう。

一方で、これから就く仕事に**必要な資格やスキル、経験がないのに「ある」と嘘をついていたとすると、なければ採用しなかったわけですから、入社後は懲戒解雇になる可能性が高い**と言えます。

そういう事態を避けるために、この質問をぶつけてみます。

動揺した表情を見せるのか、はたまた「全然大丈夫です！」と涼しい顔をしているのか等、その反応で（既述の）違和感を抱くかどうかをチェックしましょう。

「平気で嘘をつく人」を入社させない必須の質問

こうした念押しをしておくのは、入社後の**トラブル防止に非常に効果的**です。「（求人の職種について）充分な経験がある」とのＰＲを鵜呑みにして採用するも、経験などない、あるいは経験はおろか知識すらないという人を、筆者は直に見た経験が複数あります。

こうした人は嘘をついている自覚が乏しく、

「少しかじった程度でも、経験は経験じゃないですか？」

「この程度の給与でそこまでのレベルを要求する方が、そもそもおかしい」

と、反駁してきます。こうなった時に、**「面接でこうした主旨を伝えましたよね？大丈夫と回答しましたよね？」と、論理的に詰めることができます。**

なお、**嘘をついたから何でもかんでもすべて懲戒解雇ではなく、「それが真実（たとえば必須条件を満たしていない）だったら採用しなかった」という点が懲戒解雇の基準**になりますので、覚えておいてください。

14

面接の質問を工夫する⑨

聞いてはいけない質問とは？

就職差別につながるおそれがある不適切な質問は、以下です。

1．本籍に関する質問

・あなたの本籍地はどこですか。
・あなたのお父さんやお母さんの出身地はどこですか。
・生まれてから、ずっと現住所に住んでいるのですか。
・ここに来るまでどこにいましたか。

2．住居とその環境に関する質問

・○○町の△△はどのへんですか。
・あなたの住んでいる地域は、どんな環境ですか。
・あなたのおうちは国道○○号線（○○駅）のどちら側ですか。

・あなたの自宅付近の略図を書いてください。
・家の付近の目印となるのは何ですか。

3. 家族構成や家族の職業・地位・収入に関する質問

・あなたのお父さんは、どこの会社に勤めていますか。また役職は何ですか。
・あなたの家の家業は何ですか。
・あなたの家族の職業を言ってください。
・あなたの家族の収入はどれくらいですか。
・あなたの両親は共働きですか。
・あなたの学費は誰が出しましたか。
・あなたの家庭はどんな雰囲気ですか。
・あなたは転校の経験がありますか。
・お父さん（お母さん）がいないようですが、どうしたのですか。
・お父さん（お母さん）は病死ですか。死因（病名）は何ですか。
・お父さんが義父となっていますが、詳しく話してください。

4．資産に関する質問

・あなたの住んでいる家は一戸建てですか。
・あなたの住んでいる家や土地は持ち家ですか、借家ですか。
・あなたの家の不動産（田畑、山林、土地）はどれくらいありますか。

5．思想・信条、宗教、尊敬する人物、支持政党に関する質問

・あなたの信条としている言葉は何ですか。
・学生運動をどう思いますか。
・家の宗教は何ですか。何宗ですか。
・あなたの家族は、何を信仰していますか。
・あなたは、神や仏を信じる方ですか。
・あなたの家庭は、何党を支持していますか。
・労働組合をどう思いますか。
・政治や政党に関心がありますか。
・尊敬する人物を言ってください。

・あなたは、自分の生き方についてどう考えていますか。
・あなたは、今の社会をどう思いますか。
・将来、どんな人になりたいと思いますか。
・あなたは、どんな本を愛読していますか。
・学校外での加入団体を言ってください。
・あなたの家では、何新聞を読んでいますか。

6. 男女雇用機会均等法に抵触する質問

・結婚や出産後も働き続けようと思っていますか。
・当社は、女性（または男性）は少なく、また長く働き続けられる仕事ではないが、それでも入社しようと思いますか。
・（男性だけに、または女性だけに）残業は可能ですか、また転勤は可能ですか。
※労働条件の事前確認のため、応募者全員を対象に質問することを妨げるものではありません
・スリーサイズはどれくらいですか。

出典　https://jsite.mhlw.go.jp/osakaroudoukyoku/hourei_seido_tetsuzuki/shokugyou_shoukai/hourei_seido/kosei/futeki.html

15 「就業規則にさらっと書いてあるだけ」では危険

「試用制度」でブロック①

体験会や有期契約を経て、期間の定めのない正社員として採用しても、「ヤバい社員」に変貌する可能性がありますから、まだまだ大丈夫とは言い切れません。そこで「試用期間」を設けておきます。これは本採用の前に社員の適性や実力を見極めるために設定する期間です。

これを設けるための手続きは、**就業規則の中に記載しておき、あわせて労働条件通知書兼雇用契約書にも「試用期間」があることを明示しておく必要があります。**

後者については「**採用日から〇月〇日までが試用期間である**」旨を明記しておきます。そして（既述の）**読み合わせの際に、試用期間と次の就業規則の内容をきちんと説明**しておきましょう。

就業規則の試用期間の規定例――ここまで詳しく書いておく

（試用期間）

第ＸＸ条　新たに採用した社員は、採用の日から○か月間を試用期間とする。

2　試用期間中における社員との雇用関係は仮採用によるものとし、試用期間の終了をもって、会社は当該社員を本採用する。

3　会社は、試用期間中の社員の適性・実力等を総合的に判断し、試用期間が満了するまでに本採用の有無を決定する。

4　会社は、試用期間満了までに試用期間中の社員の適性・実力等に関して最終的な判断をすることが困難である場合、最長で通算△か月まで試用期間を延長することができる。

5　会社は、社員の採用決定時における人事評価、並びに試用期間中の業務遂行状況等を勘案して、試用期間を短縮することができる。

6　社員が試用期間中に業務災害により休業する場合は、当該休業期間における試用期間の経過を一時中断し、復職後試用期間を再開することができる。

16 期間の長さ、本採用拒否の取り決め方

「試用制度」でブロック②

判例では、試用期間中は通常一般より広く解雇の自由を認めても良いと判断されています（逆に言えば本採用後の解雇は非常に難しい、できないということです）。

試用期間の長さは、法律上の定めはなく、一般的には3か月〜6か月が多く、過去の判例では1年を有効としたものもあります。可能な限り長い方が中小零細企業にとっては有利ですが、1年などあまりに長すぎると不信感を抱いて辞退する人も出てくるでしょうから、延長も含めて**最長6か月くらい**を推奨します。半年あれば適性・実力もわかるでしょうし、「ヤバい人」なら馬脚を露すでしょう。

「本採用拒否」こそ、より具体的かつ詳細に規定しておくことが重要です。

（本採用拒否）

第XX条　試用期間中の社員が次の各号のいずれかに該当し、社員として不適格であると認めるとき

は、会社は、採用を取り消し、本採用を行わない。
（1）遅刻・早退及び欠勤が多い、又は休みがちである等、出勤状況が悪いとき。
（2）上長の指示に従わない、職場仲間との協調性がない、仕事に対する意欲が欠如している、もしくは勤務態度が悪いとき。
（3）必要な育成指導をしても、会社が求める能力に足りず、かつ改善の見込みも乏しい等、能力が不足すると認められるとき。
（4）暴力団員等の反社会的勢力と関わりがあることが判明したとき。
（5）採用工程時の提出書類に偽りの記載をし、もしくは面接時において事実と異なる経歴等を告知していたことが判明し、会社との信頼関係を維持することが困難になったとき。
（6）会社が指示した必要書類を提出しないとき。
（7）健康状態（精神の状態を含む。）が悪いとき。
（8）会社の社員としてふさわしくないと認められるとき。
（9）服務規定や就業規則の規定に従わない、もしくは違反したとき。
（10）第ＸＸ条に定める解雇事由に該当するとき。
（11）その他前各号に準ずる事由があったとき。
（12）採用の取消しは、試用期間満了前であっても行うことができる。この場合において、これが解雇に該当し、採用の日から14日を経過していたときは、第ＸＸ条（解雇予告）の規定を準用する。

17 その他、試用期間で注意すべきこと

「試用制度」でブロック③

（試用期間）並びに（本採用拒否）の規定例を案内しましたが、これに基づいて運用するのは貴社です。この運用を間違えると大きなトラブルに発展しかねないため、注意点すべき点を解説します。

まずは**試用期間だからといって、まったく自由に解雇が認められるわけではない**点です。「客観的に合理的な理由」があり「社会通念上相当な場合」のみとされていますので、ここでは既述の（本採用拒否）の各号に該当するかがポイントになります。

やはり曖昧だとトラブりますから、たとえば、

「（1）遅刻・早退及び欠勤が多い、又は休みがちである等、出勤状況が悪いとき。」についいては、**「試用期間中の遅刻・早退回数3回以上、欠勤5日以上（ならアウト）」**と、さらに踏み込んで具体的に明記しておくやり方が有効です。

ここは綿密に！　手を抜くと後でトラブる

その他の注意点を２つ挙げておきます。

ルーズな社員はトラブルを起こす可能性が高いです。たとえば「**(6) 会社が指示した必要書類を提出しないとき。**」についても、「**指示してから1週間以内に**」と期限を明確にするやり方も有効です。

また、書類や面接で虚偽があった場合、「**(5) 採用工程時の提出書類に偽りの記載をし～**」については、（既述の通り）嘘があった場合、懲戒があり得る旨を事前に案内して承諾を得ておけば、この規定に該当することに疑義は出ないでしょう。

昔と違って、「ウチには合わないから試用期間で終わりね」の一言では終わらせられません。このように詳細まで踏み込んで規定し、なおかつ社員に時間をかけて説明して同意をとっておく。トラブル回避のためには、ここまで綿密にやる必要があるのです。

18

書面で武装①

「小さい会社」の隙を「ヤバい人」は突いてくる

以下はすべて、筆者の顧問先での実話です。

「もらっていない、見ていない」を主張してくるのが特徴です。

①入社してから3日経って、「労働条件通知書をまだ受け取っていない。ここは信用できないので、続けていくのは無理です」と、会社に不平をぶつけた新入社員がいました。会社側が詫びて説得するも、即退職しました。

②労働条件通知書に固定残業手当に含まれる労働時間数を明記していないことを社員が指摘してきたため、この手当を基準内賃金（残業代計算の基礎になるもの）に加えて再計算することになり、予想外の高額な残業代を支給する羽目になった。

③仕事中にマイスマホを操作していたので注意すると、「なぜ悪い？　どこに書いてあるのか？」と反駁してきたので、「就業規則の服務規律のところに書いてある」と回答したところ、「見たことがない、周知義務違反だ」と逆ギレされた。

詳細は書けませんが、残業代の未払いがきっかけで労使間の対立がエスカレートし、労使共に捕まってしまったという、非常に不幸な事件もありました。

こういった事案、事件はたくさんありすぎて、すべては紹介しきれません。

今までだと「なあなあ」で済んでいたことが、済まされなくなってきています。

こうした不平、指摘、反駁の背景には、ネットで簡単に情報が入手できる現状があります。

無用なトラブルを防止するためにも、**コンプライアンス遵守**を徹底しなければなりません。**「ウチは大手と違って、中小零細だから」は、一切通用しません。**

特に**労働条件通知書（6章末参照）や就業規則といった労働条件や職場のルール、働き方を定めるものが未整備のままという中小零細企業もまだ残っていますが、非常にリスキー**と言わざるを得ません。

19

書面で武装②

労働条件通知書、就業規則の未整備は論外！

前項でも触れましたが、法的に作成しておくべきもの（作成しておいた方が良いものを含む）は、今からでも良いから、最優先で取り組みましょう。**整備しないのは最大の労務リスクです。今すぐ取りかかって下さい！**

たとえば2024年4月から、労働条件通知書の明示事項に関するルールが改正されています。詳細解説は省きますが、「今まで通り、過去の雛形を更新して今年度入社社員の労働条件通知書を作る」では新ルールに適合していないことになるのです。

就業規則も然り。「従業員が10人未満なら法的に作成しなくて良いと聞いたから、未整備のままで放置している」、あるいは「既に作成済みであっても古くて法改正の内容が盛り込まれていない」という中小企業は多いです。

たとえば2015年12月から、常時50人以上の従業員を雇用している全事業場に**ストレスチェック**を、また2022年4月から、中小零細企業でも**ハラスメント対策**

のための相談窓口の設置を義務付けています。

　こうした内容が就業規則では一切規定されていないし、実施もしていないという中小零細企業は少なくありません。

ネットをフル活用、社労士に依頼する手も

　今はネットで、こうした労働条件通知書に関する改正情報や書き方の見本、解説、注意点などが簡単に入手できます。就業規則についても、「次に掲載しております『モデル就業規則』の規程例や解説を参考に、各事業場の実情に応じた就業規則を作成・届出してください。」と、厚生労働省がホームページ上で雛形を提供しています。

　ただ、作成時にはいろいろと迷うこともあるでしょう。貴社に顧問社労士がいれば相談するのが最も手っ取り早いです。就業規則の新規作成で15万円～50万円が報酬の相場です。一度作成したら当面は大丈夫ですから、社労士に作成をお願いするのも有効な一手です。

20 書面で武装③ 「誓約書」が有効

労務リスクを低減させるため、労働条件通知書や就業規則だけでなく、「誓約書」も整備しておきましょう。この誓約書には約束された内容が明示されているため、後から**「言った・言わない」といったトラブルを未然に防ぐ**ことができます。

とはいえ、誓約してもOKな内容とNGなものがあります。

たとえば、

「社有車にかすり傷レベルでも負わせたら100万円を支払う」

「理由を問わず遅刻・早退は罰金3万円」

「売れ残ったら自腹で購入」

といった**違約金や損害賠償を予定することは誓約できない**ことになっています。あらかじめ違約金や損害賠償を定めておくのはダメですが、**社員による損害が実際に発生したら、会社がその実損害額を社員に賠償してもらうことはOKで、その旨を誓約**

書に盛り込むのはOKです。

ゼロからオリジナルなものをつくるよりは、一般的な雛形を用いて自社に合わせてチューンナップするのが良いでしょう。

退職時には書いてくれない。入社時が最大のチャンス!

一般的には、服務等に関する誓約書（6章末参照）、秘密保持に関する誓約書（5章2参照）の2つを交わす場合が多く、これらに加えて、競業避止義務に関する誓約書を交わす場合もあります。

入社してしばらく経過した時や、退職時には、「何を今さら……」と、こうした誓約書にサインしてくれない可能性が高くなります。

そのため、入社時が最大のチャンスと言えます。

また、これらの誓約書も単に**渡して「サインしといて!」ではなく、一緒に読み合わせをするなどして、理解、納得してもらった上で、サインをもらう**ようにしてください。

こうした一手間がトラブルを低減させるのです。

21 書面で武装④

「身元保証書」のメリット、デメリット

身元保証書とは、会社が採用した社員の身元を、第三者である身元保証人によって保証させる書類のことです（6章末参照）。

既に提出を義務付けている会社もあるでしょう。

損害が発生した時の賠償責任を負うことを明確にしつつも、なりすましや履歴書等の提出書類に虚偽がないかをチェックすることもできます。

会社にとっては有利なものですが、その分、注意すべきポイントがあります。

① 法改正により、賠償額の上限の記載がない身元保証書は無効となります。そのため、作成時には必ず上限金額（現実的な金額）を記載してください。

② 身元保証書の提出を拒否されても、解雇したり内定を取り消すことはできません。また強く提出を要求すると、「そうした人は見つからない」「前職では要求されなかった」

「疑われているようで嫌だ」等を理由に、内定を辞退されることがあります。
③身元保証人の有効期間について、期間を定めない場合は3年とされています。一方、期間を定める場合は、最長で5年までとなっています。更新はできますが、自動更新ではなく、改めて再度契約を結ぶ必要があります。

今まで皆からもらっていたからと、杓子定規に提出をお願いしたら不服に思われて辞退されてしまう、というのはぜひ避けたいことです。

提出をお願いするべきかどうかは、社内でよく検討した上で、決定してください。

賃金	1 基本賃金　イ 月給（　　　　円）、ロ 日給（　　　　円） ハ 時間給（　　　　円）、 ニ 出来高給（基本単価　　　　円、保障給　　　　円） ホ その他（　　　　円） ヘ 就業規則に規定されている賃金等級等 2 諸手当の額又は計算方法 イ（　　　　手当　　　　円 ／計算方法：　　　　　　　　　　） ロ（　　　　手当　　　　円 ／計算方法：　　　　　　　　　　） ハ（　　　　手当　　　　円 ／計算方法：　　　　　　　　　　） ニ（　　　　手当　　　　円 ／計算方法：　　　　　　　　　　） 3 所定時間外、休日又は深夜労働に対して支払われる割増賃金率 イ 所定時間外、法定超　　月６０時間以内（　　　　　）％ 月６０時間超　（　　　　　）％ 所定超（　　　）％ ロ 休日 法定休日（　　　）％、法定外休日（　　　）％ ハ 深夜（　　　）％ 4 賃金締切日（　　　）－毎月 日、（　　　）－毎月 日 5 賃金支払日（　　　）－毎月 日、（　　　）－毎月 日 6 賃金の支払方法（　　　　　　　　　） 7 労使協定に基づく賃金支払時の控除（無，有（　　　）） 8 昇給（有（時期、金額等　　　　　），無） 9 賞与（有（時期、金額等　　　　　），無） 10 退職金（有（時期、金額等　　　　），無）
退職に関する事項	1 定年制（有（　　　歳），無） 2 継続雇用制度（有（　　　歳まで），無） 3 創業支援等措置（有（　　　歳まで業務委託・社会貢献事業），無） 4 自己都合退職の手続（退職する　　　　日以上前に届け出ること） 5 解雇の事由及び手続［　　　　　　　　　　　　］ ○詳細は、就業規則第 条～第 条、第 条～第 条
その他	・社会保険の加入状況（厚生年金 健康保険 その他（　　　）） ・雇用保険の適用（有，無） ・中小企業退職金共済制度 （加入している，加入していない）（※中小企業の場合） ・企業年金制度（有（制度名　　　　　　），無） ・雇用管理の改善等に関する事項に係る相談窓口 部署名　　　担当者職氏名　　　　　　（連絡先　　　　　　） ・その他（　　　　　　　　　　　　　　　　　　　） ※以下は、「契約期間」について「期間の定めあり」とした場合についての説明です。 労働契約法第 18 条の規定により、有期労働契約（平成 25 年 4 月 1 日以降に開始するもの）の契約期間が通算5年を超える場合には、労働契約の期間の末日までに労働者から申込みをすることにより、当該労働契約の期間の末日の翌日から期間の定めのない労働契約に転換されます。ただし、有期雇用特別措置法による特例の対象となる場合は、無期転換申込権の発生については、特例的に本通知書の「契約期間」の「有期雇用特別措置法による特例の対象者の場合」欄に明示したとおりとなります。
以上のほかは、当社就業規則による。就業規則を確認できる場所や方法（　　　）	

契約の証として、本契約書を２通作成し、署名捺印の上、甲乙各１通を保有する。

年　月　日　　　　甲　株式会社

代表取締役　　　　　　　　印

乙（住所）

（氏名）　　　　　　　　　印

※ 本通知書の交付は、労働基準法第１５条に基づく労働条件の明示及び短時間労働者及び有期雇用労働者の雇用管理の改善等に関する法律（パートタイム・有期雇用労働法）第６条に基づく文書の交付を兼ねるものであること。

※ 労働条件通知書については、労使間の紛争の未然防止のため、保存しておくことをお勧めします。

出典：厚労省ＨＰ（https://www.mhlw.go.jp/content/11200000/001156118.pdf）

雇用契約書　兼　労働条件通知書

＿＿＿＿＿＿＿＿殿 事業場名称・所在地 使 用 者 職 氏 名	年　月　日

契約期間	期間の定めなし、期間の定めあり（　　年　　月　　日～　　年　　月　　日） ※以下は、「契約期間」について「期間の定めあり」とした場合に記入 1 契約の更新の有無 ［自動的に更新する・更新する場合があり得る・契約の更新はしない・その他（　　）］ 2 契約の更新は次により判断する。 ・契約期間満了時の業務量・勤務成績、態度　・能力 ・会社の経営状況・従事している業務の進捗状況 ・その他（　　） 3 更新上限の有無（無・有（更新　回まで／通算契約期間　年まで））
	【労働契約法に定める同一の企業との間での通算契約期間が5年を超える有期労働契約の締結の場合】本契約期間中に会社に対して期間の定めのない労働契約（無期労働契約）の締結の申込みをすることにより、本契約期間の末日の翌日（　年　月　日）から、無期労働契約での雇用に転換することができる。この場合の本契約からの労働条件の変更の有無（無・有（別紙のとおり））
	【有期雇用特別措置法による特例の対象者の場合】 無期転換申込権が発生しない期間：Ⅰ（高度専門）・Ⅱ（定年後の高齢者） Ⅰ特定有期業務の開始から完了までの期間（　年　か月（上限 10 年）） Ⅱ定年後引き続いて雇用されている期間
就業の場所	（雇入れ直後）　（変更の範囲）
従事すべき業務の内容	（雇入れ直後）　（変更の範囲） 【有期雇用特別措置法による特例の対象者（高度専門）の場合】 ・特定有期業務（　　開始日：　完了日：　）
始業、終業の時刻、休憩時間、就業時転換（(1)～(5)のうち該当するもの一つに○を付けること。）、所定時間外労働の有無に関する事項	1 始業・終業の時刻等 (1) 始業（　時　分）終業（　時　分） 【以下のような制度が労働者に適用される場合】 (2) 変形労働時間制等；（　）単位の変形労働時間制・交替制として、次の勤務時間の組み合わせによる。 始業（　時　分）　終業（　時　分）（適用日　　） 始業（　時　分）　終業（　時　分）（適用日　　） 始業（　時　分）　終業（　時　分）（適用日　　） (3) フレックスタイム制；始業及び終業の時刻は労働者の決定に委ねる。 （ただし、フレキシブルタイム（始業）　時　分から　時　分、 （終業）　時　分から　時　分、 コアタイム　時　分から　時　分） (4) 事業場外みなし労働時間制；始業（　時　分）終業（　時　分） (5) 裁量労働制；始業（　時　分）終業（　時　分）を基本とし、労働者の決定に委ねる。 ○詳細は、就業規則第 条～第 条、第 条～第 条、第 条～第 条 2 休憩時間（　）分 3 所定時間外労働の有無（有，無）
休　日	・定例日；毎週 曜日、国民の祝日、その他（　　） ・非定例日；週・月当たり　日、その他（　　） ・1年単位の変形労働時間制の場合－年間　日 ○詳細は、就業規則第 条～第 条、第 条～第 条
休　暇	1 年次有給休暇　6か月継続勤務した場合→　日 継続勤務6か月以内の年次有給休暇（有・無） →　か月経過で　日 時間単位年休（有・無） 2 代替休暇（有・無） 3 その他の休暇　有給（　） 無給（　） ○詳細は、就業規則第 条～第 条、第 条～第 条

（次頁に続く）

年　　月　　日

○○株式会社
代表取締役　○○○○　殿

服務等に関する誓約書

私は、貴社の社員として　　年　　月　　日より入社するにあたり、下記の事項を十分に理解し、厳守することを誓います。もしこれに違反した場合には、貴社の就業規則に基づき懲戒処分を受け、雇用契約を解除されることがあることについて異存はありません。

記

1　貴社の就業規則、服務規律の内容を十分に理解し、これを遵守します。
2　貴社の経営方針、所属長・上司の指揮命令に従い誠実に勤務します。
3　貴社の利益に相反する不当な活動及び競業的行為は一切行いません。
4　社内外を問わず貴社の名誉、信用その他の社会的評価を害し、企業秩序を乱すことのないように行動します。また、SNS等により不当な情報を流布しません。
5　貴社に提出した履歴等の提出書類、並びに採用面接時等に口述した内容は事実に相違ありません。
6　貴社の企業秘密、営業秘密、顧客及び関係者等の企業秘密並びに個人情報、その他職務上の秘密を守り、不正な使用、複製、複写及び開示をしません。また、退職後においても同様とします。
7　自らが暴力団員、暴力団関係者及びその他の反社会的勢力ではなく、現在から将来にわたってこれらとの関係を持つことはしません。
8　貴社の業務にかかわる関係者が、法令違反その他の反社会的行為を行っている事実を知り得たときは、直ちに貴社の所属長・上司に報告します。
9　故意又は重大な過失により貴社に損害を与えたときはその責任を負い、貴社が被った損害を賠償します。

以　上

住所：

氏名：　　　　　　　　㊞

身 元 保 証 書

○○株式会社
代表取締役　○○○○　殿

本人住所

本人氏名

年　　月　　日生

私は、上記本人が貴社に入社するにあたって、上記本人が貴社の就業規則服務規律を遵守し、誠実に勤務することを保証します。

万一本人の故意または重大な過失により貴社に損害を与えたときは、身元保証人として本人と連帯して賠償（上限は●●万円まで）の責を負います。

なお、本身元保証の期間は、この身元保証書の日付以降満５年とします。

年　　月　　日

身元保証人

現住所

氏　名　　　　　　　　　　　　印

年　　月　　日生

本人との関係

注　1．本身元保証期間満了の1か月前までに、期間を更新して再提出すること。
　　2．身元保証人が死亡、破産、または後見開始の審判を受けた場合は、直ちに補充の保証人を立てること。
3．保証人に住所の変更その他身上の変動のあったときは遅滞なく届け出ること。

第7章

この「内定者の選び方」「フォローのコツ」で定着率が大幅アップ！

1 （面接・体験会での）説得は有効か？

良い人材をなかなか採れないという悩みは皆さんお持ちだと思います。

面接や体験会で「良いな」と感じた人に対して「ぜひ我々と一緒に働こう！」と**説得を試みるのは、充分な効果が見込めます。**

複数を受験している応募者にとっても、「ぜひ当社に来てほしい」と言われた会社の方に、きっと魅力的に感じるはずです。

とはいえ、注意すべき点が2つあります。この点を踏まえて説得してください。

①人材を見極める期間が短期のため、まだわからないところがある
②特別扱いしなければならないシーンが発生する

①については、たとえば面接だと最大で3回くらい、1回1時間としたら3時間です。また体験会も最長で2週間くらいと短期ですから、その人材の本質を見抜くのはなかなか難しいでしょう。

厚遇を提案しても良いが、条件付きで説得する

②について、説得する中で応募者から「前職ではこうした優遇があったので、御社でも提供してほしい」と要望されることがあります。

既存社員にはそういった優遇がないとすると、新人だけ特別扱いすることになり、バランスを欠いてしまいます。

もちろん、そういった特別扱いしても欲しい、既存社員も認めざるを得ないような秀逸な人材なら別ですが、①でふれたように、短期なため、まだまだわからないことも多いのです。

したがって、説得の際には、**「正社員登用となったら提供する」**といった条件付きで提案しておきましょう。

2 内定者選定は社長独断ではなく合議制でミスマッチ防止を！

特に社員数5名以下の零細企業では、「社長の好みやフィーリングで内定を出す、しかも面接後ではなく面接の最中に」というケースがよくあります。

社長が採否の最終決定権を握っているところが大半でしょうが、「社長とはフィーリングが合うが、現場で一緒に働く社員とうまくいかない」というケースもよくあります。こうしたケースでは「社長、また変なの採ったよ」と陰口を叩かれたり、現場から社長にフィードバック（FB）しないことも多いです。したがって、

①社長が独断採用
↓
②現場社員との不一致
↓
③短期退職
↓
④社長が現場を叱責
↓
⑤萎縮した現場が社長にFBしない

↓
①

という悪循環を繰り返すことになります。

体験会で一緒に働いた社員の声をきちんと聴く

既述しましたが、この改善策としては、応募者が入社後に一緒に働く社員達、アテンド社員達を交えて一緒に採否を検討するやり方を取り入れましょう。

そうすれば、社長だけでなく**社内に採用ノウハウが蓄積できますし、現場の社員達と合わなかったから短期退職、という最悪の事態も避けることができます。**

特に（筆者の推奨する）**体験会**を設ければ、実際に一緒に仕事をすることを通じて、社長では見ることができなかった細かい部分（たとえば「当社は5Sを大事にしているが、応募者は使った道具を元の場所に戻さない傾向あり」等）も現場社員は把握することができます。こうした現場社員の声、アテンド社員の声もきちんと聴く場を設けて、参加者の**合議制で採否を決める**ようにしましょう。なお、参加者で意見が割れたりしたら、この最終決定は社長がやってください。

3 内定辞退を防止するには？

内定辞退は、皆さんもご経験がおありでしょう。

本人の意思で他社に流れるのは防ぎようがありませんが、他社に流れるのは自社のやり方がマズかったからかもしれません。

内定出しして入社するのを心待ちにしていたが辞退された、ということになると、少人数の中小零細企業ゆえにダメージが大きいです。

次に挙げる①②の施策により、内定辞退を見通せるようにしておくべきです。

①内定出しの際に、応募者の本音を聴き出す
②期限を設けて入社承諾書を提出させる

①について、

「内定を出そうと思っていますが、当社で働く気持ちはありますか？　もしまだ固まっていないなら、どのような要因があるのか、たとえば何が不安、不満なのかなど、率直にお話しいただけませんか？」

と、尋ねるのは有効です。内定出しを前提にすると本音を話してくれる可能性が高まります。自社で善処できる内容なら、約束すれば辞退は避けられるでしょう。

入社承諾書は、だいたい2週間以内に提出させることが多い

②について。

中小零細企業ゆえに、こうした書類整備がどうしてもルーズになりがちですが、内定通知書とともに入社承諾書を渡しておき（7章末参照）、

「内定を正式に受けるなら、2週間以内にこれを提出してください」

と伝えます。2週間経過して提出がなければ次点を繰り上げる、新候補者を探すといった次の対策が打てます。

もちろん**この間も、①のようなコミュニケーションを図るのは有効**です。

年　月　日

〇〇　〇〇　様

〇〇株式会社
代表取締役　〇〇〇〇

内定通知書

拝啓　時下ますますご清祥のこととお慶び申し上げます。

さて、この度は弊社の求人にご応募いただいて、誠にありがとうございました。

選考の結果、貴殿の採用が内定いたしましたので、本通知書を交付いたします。

つきましては、同封の必要書類に記入し、署名もしくは記名・押印の上、下記提出期限までに弊社へご返送ください。

なお、期日までにご返送いただけない場合には、内定を取り消させていただくことがありますので、予めご了承ください。

また、万一次に記載する内定取消事由に該当した場合は、内定を取り消させていただくことになりますので、こちらも予めご了承ください。

(採用内定取消事由)

(1) 入社の前提とした条件(卒業や資格取得等)が成し得なかった場合
(2) 入社日までに健康状態が変化し、勤務に堪えられないと弊社が判断した場合
(3) 履歴書等の提出書類に虚偽記載があった場合
(4) 面接選考時に虚偽があった場合
(5) 採用内定後に犯罪や不適切な言動、行為を行ったとき、もしくは採用選考時にこうした過去を秘匿していたことが判明した場合
(6) 本通知書交付時には予想できなかった弊社の経営環境の悪化や事業の存続が困難な事象が発生した場合
(7) その他、やむを得ない事由が発生した場合

敬　具

記

1. 同封書類:入社承諾書、誓約書、身元保証書
2. 提出期限:〇〇〇〇年〇〇月〇〇日(弊社必着)

以　上

入社承諾書

株式会社　○○
　代表取締役　○○○○　殿

私は　　年　　月　　日に貴社から内定通知書を受け取りました。

つきましては、貴社から指定された入社日に必ず入社することを承諾し、入社後は就業規則や服務規律を遵守することをお約束します。

なお、以下のいずれかの事象に陥った場合は、採用を取り消されることを承知いたしました。

1．入社日前に不適切な言動、行為があり、貴社に迷惑をかける危険性があるとき
2．入社時期に、疾病等により就業困難な状態が継続すると認められたとき
3．提出済書類に虚偽記載等が発覚するなど、採否の判定に大きく影響を与える事情が判明したとき
4．卒業できなかったとき（※）入社の前提事項の場合
5．業務に必要な資格・検定を取得できなかったとき（※）入社の前提事項の場合

年　　月　　日

本　人　　住　所

氏　名

4 入社当日まで、気を抜かずフォローを！

（筆者が推奨する）**体験会を実施した上での採用、入社となれば、適合度合いを双方間で確認済みですので、入社日前に辞退という事態を激減させることができます。**

たとえば、双方に想いがマッチしていて、週末の金曜日に体験会が終了、間髪入れずに、応募者から「来週の月曜日から働きたいです！」となれば、辞退は皆無でしょう。

一方で、終了後に2週間後や1か月後など、ブランクを空けた日を希望してきた場合は注意が必要です。

というのも、応募者は複数の会社に応募していますから、諸条件を比べてより良いところで働きたいのは当然で、そのための時間稼ぎということも十分にあり得ます。

応募者の不安払拭は必要不可欠

そこで有効なのが（既述の）内定通知書からの入社承諾書、誓約書等の書類提出です。これらの書類はきちんと**期限を設けて提出させる**ことが大事です。

期限内に出せない主な理由が、「他社と天秤にかけているから」「貴社で働くのはまだ不安があるから」であれば、それらを払拭する説明や取り組みが必要でしょう。

応募者にとっては、自分の人生を左右する就職・転職ですから、思い悩むことはたくさんあります。そこで、

「当社で働くことについて不安に思うことがあれば、いつでも相談してください」と、胸襟を開いた対応をしましょう。これは内定出しのタイミングで話した上で、書類提出の期限が迫ってきているのに未着な場合に、アラート的な意味合いで伝えておきます。

なお、ここまで親切丁寧に対応したにも関わらず、何らかの理由をつけるなどで期限内に出さない場合は、保留せずにお見送りすべきと筆者は考えます。

5 定着に有効なメンター制のポイント

就業経験がある人であっても、新しい職場環境には簡単にはなじめないものです。そこでぜひ取り入れてほしいのが、メンター制です。

これは簡単に言うと、直属の上司や先輩とは別の社員が、新入社員の面倒を見ていくという制度です。年齢の近い、社歴が近い先輩社員で、面倒見の良い、話がしやすいタイプの人が適任と言えます。

新入社員にとっては、不安や悩みを気軽に相談でき、新しい職場にフィットするスピードが速くなるメリットが、メンター役を任される先輩社員にはコミュニケーションスキルが向上し、仕事、職場に対する責任感が強くなるメリットがあります。

一方デメリットとしては、お互いの相性が悪いと逆効果となり、最悪の場合、早期離職となってしまいます。そこで**2人に任せっきりではなく、会社側にも体制づくりが必要**になります。

具体的にどう進めれば良いのか？

「メンター役を任せるなら、まずその教育が必要不可欠」などと難しく構えないで、「新しい社員の面倒を見てあげてくれ！」といった感じで大丈夫です。

入社直後は週1回ペースで定期的な振り返りをしつつ、何か困ったことがあったら随時相談も受け付ける、というスタンスで、まずは始めてみてください。

会社側としては、2人を温かく見守ってあげて、何かあったらどちらからでも報連相してもらう体制をつくっておきましょう。

この制度は新入社員の定着が主目的ですので、**半年から1年**くらいが適当だと思います。

メンター役の社員は負担が増えるため、それを補う**「メンター手当」**を支給する会社もあります。メンターが不平不満を抱いて退職したら、それこそ意味がないので、検討してみてください。

6 入社初日から1週間までの「徹底的なサポート」が肝心

筆者推奨の体験会を経て、双方間に良好な関係ができていたとしても、気軽な体験会と実際の雇用は、やはり重みが違います。

「体験会ではあれだけ面倒を見てもらっていたのに、入社したら何だか素っ気ない、大丈夫かな？」と思わせないよう、**体験会と同じレベルの気遣いを**してあげてください。

特に**入社初日から休日に入るまでの1週間は非常に大事**です。休日にあれこれ考え込んでしまい、やっていけそうにないと決断して翌週に出勤しないというケースがありますから。

「新人をそんなに甘やかしてどうする」、「私の時はこんなに手厚くなかった」と社内で反発する社員が出てきますが、時代が違います。せっかく入社してくれたのだから、そういった声は黙らせて、大切に扱ってください。

知らされていないから、好ましくない事態に陥る

具体的には、「初出勤はいつ、どこへいけば良いのか?」「持参物は何か?」「ドレスコードは?」といった細かいところまで気を使いましょう。

たとえば9時始業として、新人が8時50分に着いたら、既に朝礼が始まっていて気まずい思いをした上に、先輩社員から「新人なのに最後に出勤ってなめてるよね」と怒られたりすると、もう最悪です。

事前にきちんと案内しておかないから、こうなるのです。簡単で良いので、出勤時間や持参物、ドレスコード等、入社初日の注意点をまとめておきましょう。

初日のランチは、体験会と同じやり方で進めてください。

2日目以降のランチについては、ふだん社員はどうしているかといった子細なことも含めて、きちんと案内してあげましょう。「今日も誘われるかもしれない」と思っている新人を待たせた挙句、誘わずに結局一人で行かせる等は、ろくな結果を招かないので絶対に避けて下さい。今の時代、配慮が足りないと言わざるをえません。

7 スキル不足、不慣れをフォローする

面接や体験会で高評価だったとしても、いざ入社してみたら期待外れということもあるでしょう。

期待値が高すぎるのが原因であれば、一般的、平均的な社員と同じパフォーマンスを発揮してくれれば良い、とハードルを下げておきましょう。

そもそも即戦力で高いパフォーマンスを発揮する人材は、中小零細企業にはまず来ません。そのため、期待外れな人はさっさと辞めてもらって次を探せば良いという考えは捨て去ってください。

また一般的、平均的な社員よりもスキルが不足していたら、それを埋めてもらうしかありません。これに近道はありません。

たとえば、

・業務に必要なスキル修得のためのロードマップを新人と一緒につくってみる

・目標管理制度（ＭＢＯ）を取り入れてみる
・日々、学んだことをまとめさせる
・定期的に習熟度合いをチェックする

といったように、地道で手間暇のかかる人材育成を続けるしか術はありません。

全社を挙げて新人が適合するように努める

不慣れな環境ですから、仮に実力があってもなかなか発揮するのは難しいでしょう。既述のメンター制を含め、全社を挙げて新人が職場、仕事になじむ雰囲気づくりに取り組むべきです。

慣れるまでは、残業や休日出勤は免除してあげる方が良いでしょう。既存社員と同じペースでできるようになるには、やはり相応の猶予期間が必要で、おおよそ１か月から３か月くらいはかかると見ておいてください。

いずれにせよ、せっかく入社してくれた社員をぞんざいに扱うのは絶対にＮＧです。これは甘やかすこととは違います、大切に育てていきましょう。

おわりに

最後までお読みいただき、ありがとうございます。

まだ貴社でやってみたことのない手法が、いくつかあったことと思います。

なかには、「まだ入社するかも、戦力になるかもわからない人に、なぜ社員とランチに行かせなければならないのかな?」というご意見もあるかもしれません。

しかし、ご存知のように、今は20代~40代の多くが、会社に所属しながら複数の転職エージェントに登録している時代です。条件に合った職場があれば、いつでも、何度でも、エージェントの方からアプローチしてくるわけです。

初日に一人ぼっちでランチをとっていると、「なんか、歓迎されてないみたい。なら、ここにいる意味ある?」と、気持ちはエージェントや他社に移ってしまうわけです。良い人材なら、採用後も徹底してサポートしましょう。

採用も、時代の鏡です。変化に合わせた工夫をすることで、優れた人材の採用・定着を実現されるよう、願っています。

中谷充宏

◎著者紹介

中谷充宏（なかや・みつひろ）

社会保険労務士、キャリアカウンセラー（キャリアコンサルタント）。

同志社大学法学部法律学科卒。新卒入社したＮＴＴ（日本電信電話株式会社）でシステムエンジニアの傍らリクルーターを務めた後、転職した産業車両ディーラーでは採用人事を含む経営企画業務を担当。

2004年に社会保険労務士並びにキャリアカウンセラーとして独立開業。

開業して20年超経過した現在、社会保険労務士としては埼玉、東京を中心に多くの中小企業の労務顧問を担い、2社の人事部長を任されるなど、現場最前線で人事労務コンサルティングを実践。そのため生々しい労務問題とその解決策を熟知しており、特に近年増加傾向にある「モンスター社員」への対策については豊富な取り組み実績あり。

その一方でキャリアカウンセラーとしては、埼玉県教育委員会や自治体が運営する就労支援機関、4つの大学のキャリアセンターでの勤務を通じ、高校生からシニアまで幅広い年齢層の就職支援の実績あり。

日本では数少ない、応募者側と採用者側の両面を知り尽くした存在であり、ＮＨＫやニッポン放送、読売テレビ、読売新聞、週刊現代、サンデー毎日、マイナビ転職といったマスコミの取材実績も豊富。

著書に、
『面接官が本音で教える就活面接完全対策マニュアル』
『面接官が本音で教える集団面接・ＧＤ（グループディスカッション）
完全対策マニュアル』
『20代～30代前半のための転職「面接」受かる答え方』
『20代～30代前半のための転職「書類」受かる書き方』
『30代後半～40代のための 転職「面接」受かる答え方』
『30代後半～40代のための 転職「書類」受かる書き方』
（以上、秀和システム）
『ブラック社員が会社を潰す！』（中小企業経営研究会）等がある。

◎中小零細企業専門　人財採用支援センター　https://saiyoco.com

●注意

(1) 本書は著者が独自に調査した結果を出版したものです。
(2) 本書は内容について万全を期して作成いたしましたが、万一、ご不審な点や誤り、記載漏れなどお気付きの点がありましたら、出版元まで書面にてご連絡ください。
(3) 本書の内容に関して運用した結果の影響については、上記(2)項にかかわらず責任を負いかねます。あらかじめご了承ください。
(4) 本書の全部または一部について、出版元から文書による承諾を得ずに複製することは禁じられています。
(5) 商標
本書に記載されている会社名、商品名などは一般に各社の商標または登録商標です。

カバーデザイン　喜來詩織（エントツ）

小《ちい》さな会社《かいしゃ》の採用《さいよう》
お金《かね》をかけなくてもここまでできる！

発行日　2024年 7月 1日　第1版第1刷
2024年 8月30日　第1版第2刷

著　者　中谷《なかや》　充宏《みつひろ》

発行者　斉藤　和邦
発行所　株式会社　秀和システム
〒135-0016
東京都江東区東陽2-4-2　新宮ビル2F
Tel 03-6264-3105（販売） Fax 03-6264-3094
印刷所　日経印刷株式会社　Printed in Japan

ISBN978-4-7980-7293-7 C0034

定価はカバーに表示してあります。
乱丁本・落丁本はお取りかえいたします。
本書に関するご質問については、ご質問の内容と住所、氏名、電話番号を明記のうえ、当社編集部宛FAXまたは書面にてお送りください。お電話によるご質問は受け付けておりませんのであらかじめご了承ください。